儿童教育中的
教育家及其理论译丛

INTRODUCING
PIAGET
A GUIDE FOR PRACTITIONERS AND
STUDENTS IN EARLY YEARS EDUCATION

皮亚杰 导论

给早期儿童教育工作者和学习者的指南

A GUIDE FOR PRACTITIONERS AND STUDENTS IN EARLY YEARS EDUCATION

[英] 安·玛丽·哈尔佩尼 简·皮特森 著

钱雨 滕腾 何梦瑶 等 译

南京师范大学出版社
NANJING NORMAL UNIVERSITY PRESS

图书在版编目（CIP）数据

皮亚杰导论：给早期儿童教育工作者和学习者的指南 /（英）安·玛丽·哈尔佩尼，（英）简·皮特森著；钱雨等译. —— 南京：南京师范大学出版社，2020.9
（儿童教育中的教育家及其理论译丛）
ISBN 978-7-5651-1434-2

Ⅰ．①皮… Ⅱ．①安… ②简… ③钱… Ⅲ．①儿童教育－早期教育－研究 Ⅳ．①G61

中国版本图书馆CIP数据核字（2019）第200220号

Introducing Piaget: A Guide for Practitioners and Students in Early Years Education / by Ann Marie Halpenny and Jan Pettersen / 978-0-415-52527-5
Copyright © 2014 by Routledge
Authorised translation from the English language edition published by Routledge, a member of the Taylor & Francis Group LLC
All Rights Reserved.
本书原版由Taylor & Francis出版集团旗下的Routledge出版公司出版，并经其授权翻译出版。版权所有，侵权必究。
Nanjing Normal University Press is authorised to publish and distribute exclusively the Chinese (Simplified Characters) language edition. This edition is authorised for sale throughout Mainland of China. No part of the publication may be reproduced or distributed by any means, or stored in a database or retrieval system, without the prior written permission of the publisher.
本书中文简体翻译版权由南京师范大学出版社独家出版并限在中国大陆地区销售。未经出版者书面许可，不得以任何方式复制或发行本书的任何部分。
Copies of this book sold without a Taylor & Francis sticker on the cover are unauthorized and illegal.
本书封面贴有Taylor & Francis公司防伪标签，无标签者不得销售。
著作权登记号：图字10-2016-064号

书　　名	皮亚杰导论：给早期儿童教育工作者和学习者的指南
丛 书 名	儿童教育中的教育家及其理论译丛
作　　者	［英］安·玛丽·哈尔佩尼　［英］简·皮特森
译　　者	钱　雨　滕　腾　何梦瑶　等
丛书策划	万　斌　张泽芳
责任编辑	万　斌
出版发行	南京师范大学出版社
地　　址	江苏省南京市玄武区后宰门西村9号（邮编：210016）
电　　话	（025）83598919（总编办）　83598412（营销部）　83598312（邮购部）
网　　址	http://press.njnu.edu.cn
电子信箱	nspzbb@njnu.edu.cn
照　　排	南京凯建文化发展有限公司
印　　刷	江阴金马印刷有限公司
开　　本	710毫米×1000毫米　1/16
印　　张	14
字　　数	184千
版　　次	2020年9月第1版　2020年9月第1次印刷
书　　号	ISBN 978-7-5651-1434-2
定　　价	45.00元
出 版 人	张志刚

南京师大版图书若有印装问题请与销售商调换
版权所有　侵犯必究

内容介绍

作为最具影响力的大师之一，让·皮亚杰改变了我们今天对儿童——从出生直至青春期——思维和学习方式的理解。在这本全面的、深入浅出的新书中，安·玛丽·哈尔佩尼和简·皮特森把握了皮亚杰著名的儿童思维研究中的核心概念与原理，并探索了从婴幼儿早期开始，儿童的思维是如何变化与发展的。

本书的主要内容有：

- 儿童思维发展过程中关键的里程碑和成就。
- 在婴幼儿时期，通过感觉和运动理解物质世界。
- 对婴幼儿早期出现的象征性思维和语言的支持。
- 对客体永久性的理解。
- 早期儿童学习和发展过程中自我中心思维的含义。

全书主要讨论了这些发展对于儿童社会性、情感和智力发展的影响。当然，我们也结合儿童认知发展的当代研究，介绍了皮亚杰相关理论的最新研究成果。每章在结合幼儿教育实践工作意义的基础上，提供了一个简明的材料总结。我们还提供了皮亚杰理论关键词词汇表。本书尤其注重怎样将皮亚杰理论中的原理和概念应用于儿童早期的发展中,所以本书对于那些对儿童早期学习和发展感兴趣的教师、实践者以及学生都是很好的资源。

安·玛丽·哈尔佩尼是都柏林理工学院心理与儿童发展系的讲师。

简·皮特森是都柏林理工学院学前教育系主任。

译者序

2007年秋，我远渡重洋去哈佛大学教育研究院学习。当年，作为联合培养博士生，埃莉诺·达克沃斯（Eleanor Duckworth）教授正是我的导师。她是皮亚杰的研究生，在日内瓦生活了多年。她为我们开设的课程之一就是"皮亚杰著作选读"。她兴趣广泛，爱好现代舞，还以72岁的高龄参加现代舞团的演出。她关注教师课堂教学理念的变革，提出课堂是"精彩概念诞生的地方"。她还把皮亚杰的理论融入儿童科学教育、教师教育等多个领域，并积极推进人们对皮亚杰理论的正确认识。

2014年，当我在加州大学附属幼儿园和园长对话时，老园长骄傲地说："我们的幼儿园课程借鉴了哈佛大学达克沃斯教授的理念。"而当我和达克沃斯教授对话时，我则不止一次感受到她的骄傲：我曾经是皮亚杰的学生。

这样一本介绍皮亚杰理论对学前教育启示的译作，应该也是达克沃斯教授所喜见的。不过，如本书作者提到的，任何对皮亚杰理论的简化和断章取义都可能带来误解。我们应当审慎地思考皮亚杰理论给我们留下的宝贵财富——对儿童天然好奇心的尊重，对探索与反思精神的追求——在任何一个时期，它们都不会过时，如同阿尔卑斯山顶熠熠发光的洁白积雪，淡然伫立千年。

本书的作者尽力对皮亚杰的理论做了深入浅出的介绍，并补充了新皮亚杰主义和后皮亚杰时代的研究者的最新观点，尤其是对学前教育实践中的许多趣味案例，信手拈来，对我国学前教育工作者或许颇有启迪。

本书的译者团队还包括：刘露、周静文、尚书林、刘桂梅。全书由钱雨、朱美玲最终统一校对与审阅。感谢南京师范大学出版社万斌老师的沟通与协调工作。也感谢华东师范大学周念丽老师对文中部分翻译的建议。

钱　雨

华东师范大学

目 录
CONTENTS

内容介绍   1

译者序   1

认识皮亚杰   1

第一章
建构主义：儿童是知识与学习的主动创造者

    引言   1

    主动的、进步的和建构性的学习   3

    早期理论回溯   5

    从具体到表征经验和理解   8

    建构主义教学法中的关键概念   11

第二章
儿童认知发展概况

    引言   13

    认知发展的定义   13

    游戏与认知发展   17

    从教育工作者的角度看待幼儿思维   19

    儿童期及之后，认知发展是如何与其他发展领域联系的？   20

  皮亚杰的认知发展阶段论 22
  皮亚杰之后的认知发展情况 23
  皮亚杰认知发展理论在早期儿童教学法中的深远意义 26

第三章
儿童认知发展的建构
  引言 29
  奠定皮亚杰认知发展理论的原理与机制 31
  构建认知发展阶段性的模板 39
  皮亚杰阶段性认知发展理论的挑战 42
  对于教育实践的意义 43

第四章
感觉运动世界
  引言 47
  与生俱来的探索能力 48
  婴幼儿的天赋 51
  世界与我们大脑的通道 52
  感知运动阶段的六个子阶段 55
  客体永久性——看不见，想不到 62
  感知运动阶段的更新 63
  对于教育实践的意义 65

第五章
客体永久性：看不见，想不到？
  与皮亚杰一起探索客体永久性 76
  母亲永久性和客体永久性 80
  对于教育实践的意义 81
  从行动到预期 82

对于教育实践的意义　　91

第六章
前运算阶段的世界：符号功能子阶段

　　符号功能子阶段(2—4岁)　　96
　　对于教育实践的意义　　108

第七章
自我中心主义和学前儿童

　　自我中心是什么？　　112
　　皮亚杰的自我中心理论　　114
　　皮亚杰的自我中心理论的最新发展　　116
　　研究学前幼儿以及自我中心的新视角　　118
　　自我中心与心理理论　　120
　　对于教育实践的意义　　122

第八章
前运算阶段世界：直觉思维子阶段

　　追求逻辑推理：万物如何运转，事情如何发生　　126
　　分类　　132
　　排序：按次序摆放物品　　136
　　守恒：并非看起来那样　　139
　　儿童早期的守恒和计算能力　　147
　　对于教育实践的意义　　148

第九章
具体运算阶段的世界

　　"具体运算"是什么？　　152
　　前运算阶段到具体运算阶段的历程　　155

守恒	156
演绎推理	161
层次分类	162
排序	163
注意和记忆	164
从幼儿园到小学的过渡	166
对于教育实践的意义	166

第十章
形式运算世界

形式运算世界概述	170
形式运算任务	173
从具体经验到科学演绎	173
自皮亚杰以来,我们对形式运算世界了解多少?	176
对于教育实践的意义	177

第十一章
结论:对皮亚杰理论的融会贯通

引言	179
皮亚杰的认知发展理论对于我们理解儿童早期的思维及其发展规律有什么贡献?	180
皮亚杰的后继者们	191
我们该如何利用皮亚杰理论的相关概念和原理,为从事学前教育工作的专业人员提供一种可靠的教学法呢?	192
从理论到实践	193
对儿童学习的观察和记录	200

| 专业词汇表 | 202 |
| 英文版参考文献 | 205 |

认识皮亚杰

1896年8月9日，让·皮亚杰出生在瑞士法语区的纳沙特尔。他的父亲亚瑟是洛桑大学里一名教中世纪文学的教授，同时也是一位无神论者。他的母亲贝卡·杰克逊则是一位拥有法国血统的虔诚天主教徒。很明显，这些互相矛盾的宗教观念和信仰成了皮亚杰家庭中很多矛盾的源头。我们可以猜测，父母之间的这些激烈的争论，会在某种程度上对年幼的皮亚杰产生影响。并且，我们可能会发现，这也是导致皮亚杰对智力发展的讨论与假设感兴趣的部分原因。

皮亚杰早期对生物学感兴趣，并且在他11岁的时候写下了关于患白化病的麻雀的科学论文。这是他的第一篇科学文章。这篇论文被视为皮亚杰非凡的科学研究事业的开端。在之后的岁月里，他写下了数以百计的文章、论文和六十多本书。16岁时，皮亚杰收到了来自日内瓦的一所博物馆的聘书，邀请他做博物馆的主管。皮亚杰以阅历尚浅为由委婉地拒绝了。事实上，那时他还只是个大学二年级的学生。

在后来的青少年时期,皮亚杰曾面临一些关于信仰的危机。他的母亲鼓励他去参加一些天主教的研习,但是他并不信服那些宗教信条背后的逻辑推理。在这之后,皮亚杰研究了许多哲学家和逻辑的应用,他致力于寻找知识的生物学解释。但是哲学知识并没能对他的研究有所帮助,这就使他转向心理学科的研究。

在让·皮亚杰的研究过程中,他受到了当时一些教育家的激励,尤其是那些和他同处一个教育传统之下的主流教育学家。按时间顺序,这些教育家们包括让·卢梭、约翰·裴斯泰洛齐、弗里德里克·福禄贝尔、玛利亚·蒙台梭利和克里斯汀·弗雷内。

卢梭(1712—1778)认为在儿童的发展过程中,他或她会经历一些阶段,这些阶段是以儿童所掌握的思维能力和感知觉为特征的。不止于此,在卢梭看来,所有的教育都基于对儿童特定能力与兴趣下的自我研究。所以,他认为教师拥有足够的专业知识是十分必要的,这样才能够为儿童准备有意义的学习环境。

裴斯泰洛齐(1746—1827)的研究工作之所以引起皮亚杰的兴趣,主要也是因为前者受到了卢梭的强烈影响。皮亚杰曾尝试在学校环境中实践卢梭的思想,在这所学校里,教育活动的建构是基于儿童的主动性、自由探索和缜密观察。在裴斯泰洛齐的学校里,裴斯泰洛齐引入了一个理念,主要研究道德观和社会互动是怎样影响认知发展的。那里的儿童需要参加以真实生活情境为基础的"项目工作"(project work),就像我们在当今学校里看到的"基于项目的学习"。

被我们称之为"整体化学习(或整合学习)"的理念是福禄贝尔(1782—1852)教育理念的一个核心要素。"整体化学习"的理念认为教育应该拥有多而广的主题,这些主题涵盖人类健康、社会性、认知性等各个方面的发展。虽然皮亚杰在某种程度上批判福禄贝尔的观点，但是他赞同福禄贝尔的理论，认为儿童期不应该被视为只是为成年生活做准备的一个阶段，而应视为终身学习和发展背景下的阶段之一。

当玛利亚·蒙台梭利（1870—1952）研究儿童的时候，她发现儿童似乎在特定的发展阶段对某一特定领域的学习做好了某种特定的准备（敏感期）。蒙台梭利认为，当我们提供支持性的环境时，儿童就会通过自由探索去主动寻找那些有助于认知发展的"养分"。皮亚杰十分赞成蒙台梭利的这一观点，但是并不赞同由许多教育工具和材料组成的蒙台梭利教室。皮亚杰认为这些教室是自我导向的，并且也没有提供足够的开放性的机会，好让儿童判断这些任务是否被圆满执行了。皮亚杰指出了蒙台梭利教育方案存在的两个缺陷。他认为该方案存在两个风险：风险一，"任务"没有为儿童在实际操作中提供社会交往的发展平台；风险二，感知训练方案也严重限制了儿童创造性和探索能力的发展机会。

相对其他教育家来说，或许对皮亚杰影响更大的是克里斯汀·弗雷内，他的教学方法常常被形容成理想的皮亚杰主义。弗雷内将他的教学法建立在儿童具有探索周围环境的先天性动力上。儿童被视为拥有民主权利的个体，教师在儿童学习过程中变成了儿童的合作者，并且儿童与教师是平等的。更重要的是，儿童在拥有权利的同时也有相应的义务。进一步地说，学校环境应当为儿童提供社会生活和学习生活所必需的要素。弗雷内还在学校开办了文印店，目的就是让儿童在为现实生活中的顾客提供真实的印刷文件的过程中，拥有了解阅读和写作的机会。皮亚杰指出，这种学习的影响是很明显的，因为经历了这一过程的儿童会产生想了解事物如何运作的动力，所以，学习就从简单地接受知识演变为一个过程。因此，在跟进儿童的兴趣和社会意识的发展方面，弗雷内的学习环境满足"主动学习"的所有要求。

皮亚杰的理论被全世界知晓，其理论至今仍为来自诸如心理学、社会学、教育学、认识论、经济学和法学等领域的从业者和学者提供灵感，其生平可以在《让·皮亚杰档案》的大事年表目录里找到。皮亚杰也获得了来自全世界的不计其数的奖项和荣誉称号。

CHAPTER ONE
CONSTRUCTIVISM

第一章

建构主义

— 儿童是知识与学习的主动创造者 —

引言

将儿童置于他们自己学习的中心位置，是皮亚杰在儿童发展领域中所做的最重要贡献之一。本章我们将对一些基本原理进行详细说明，以支持皮亚杰关于儿童认知发展的建构主义方法。同时，本章也将深入思考建构主义教学方法在儿童早期教育中的影响。皮亚杰认为，儿童建构自我发展的过程是积极主动的，他们对发展性环境的理解也是积极主动的。学习是一个独特的建构过程，这个观点与消极的先验性的发展理论形成鲜明的对比，并超越了它。持有建构主义观的人强调，学习和发展的核心是个体的行为与自主解决问题的能力。在建构主义方法中，皮亚杰理论聚焦于这样一个发展过程——从婴幼儿时期的具体世界，通过感觉与运动获得经验，进一步发展到儿童后期的抽象复杂世界。在那个世界中，语言和符号表征方式促进了儿童想象力与幻想能力的发展。通过这种建构方法，儿童逐渐突破自我观点的局限，并超越物质世界的存在。更重要的是，儿童能够积极主动地思考。皮亚杰相信，儿童通过自己的实践活动来理解他们周围的世界。更确切地说，儿童与物质世界之间的相互作用，以及这些相互作用所产生的结果，能够促进他们更加深入地理解周围的世界。儿童的这种理解能力，越来越依赖他们通过对周围环境进行心理表征来建构的关于世界的知识。思维本质的演变以及随着时间推移而获得的认知能力的相关发展，在皮亚杰的认知发展四阶段论中得到了体现。

我们使用的"建构主义"这个名词的含义是什么？列夫·维果茨基（1896—1934）和杰罗姆·布鲁纳（1915—2016）[①]也对建构主义范式进行了探索。这三位理论研究者关于儿童如何学习有着共同的观念与理解，但在教学方法的某些方面，他们又持有完全不同的想法。我们将在第二章进一步探索这些不同之处。

建构主义研究者对儿童建构他们自己的知识的过程充满兴趣（Athey，1990）。正如作者强调的"建构主义学者们是以儿童为中心的教师，他们试图更加清晰、理论化地意识到'获得理解'过程中所需要的条件"（p.30）。当我们强调"获得理解"过程的重要性时，也就清楚地意味着我们并不仅仅只是关注学习的结果。事实上，正如我们将在之后的观点中所看到的那样，尽管皮亚杰由于低估特定发展阶段或者年龄段儿童的能力而饱受争议——结果取向的教学法——然而皮亚杰本人对儿童学习到"多少"或者能够思考"多少"这些问题并不感兴趣，反而对儿童如何思考与学习，以及低年龄儿童的思维过程如何不同于高年龄儿童等问题更感兴趣。

[①] 本书的英文版原著出版时间为2014年，此处逝世时间为译者注。

主动的、进步的和建构性的学习

皮亚杰的建构主义教学方法向传统的教育方法提出了挑战。建构主义教学法的核心在于将儿童视为主动学习者。学习行为是一个动态的过程，它能使人的思维不断变化。正如埃希（Athey）所说，"心智的生命力是一种动态的现实与智慧，是一个真实与具有建构性的活动"（Athey，p.33）。年幼的儿童用他们与周围环境持续不断的相互作用来指导自己的学习——对幼儿与成人而言，他们分享自己的时间与空间，以及空间里的物体。下面的简短案例可以说明儿童是积极主动地建构他们对世界的理解的。

> 贝森（5个月）慢慢靠近悬挂在她小床上方的移动电话，并试图碰到它。经过多次尝试，贝森成功地碰到了电话。当她碰到电话的时候，电话轻微地动了一下，并发出"丁零"的声音。贝森盯着电话看了一会，然后再一次触碰电话。通过对外部世界的动作以及由此产生的经验，贝森对现实的理解已拓展至能够将动作与对象联系起来，也就是说当移动物体时，物体会发出声音。

玛格利特·唐纳森（Margaret Donaldson，1978）已经向我们揭示了儿童是如何在已有经验与新环境之间辛苦地建立联系的，以及这对他们巩固在环境中新学的知识又是何等重要。唐纳森和其他学者揭示了在极年幼时期接受正式而又脱离情境式学习的年幼儿童，也许会习得失败。唐纳森强有力地证实了，幼儿需要在一个能够产生"人类感觉"的环境中，才能在他们已理解并且能行动的基础上建构知识。

> 路易斯（3岁5个月）在托儿所的水池里玩水。他意识到，水能溅到外面去，能装满容器，也能使容器空空如也，水还能让皮肤和衣服湿湿的，人们可以把水从一个物体倒入另一个物体中。路易斯用水进行了一些活动与实验，这使他拓展了对液体的性质和本质的认识。他知道如果用漏斗倒水，水会以一种特殊的方式落下——一条细细的、几乎直直的线。

我们看到了持续性、过程性经验模式的出现，看到了对经验的反思，也看到了为使表征更加准确而对世界的心理表征进行的持续更新。我们可以将这种学习模式比作一种螺旋运动——持续性的、充满活力的经验，使新信息不断聚集，这些新信息又不断扩展学习的范围，使学习进入一个更加复杂的阶段，进而更加精确地反映了儿童世界的性质，及其运行机制。

总的来说，儿童通过经验和持续更新的方式，在心里构建他们对世界的想象，并进一步且更精确地将心理图像与他们所认识到的周围世界的现实结合起来。我们将这一过程比作日常生活中的信息技术更新——电脑、智能手机，等等——都需要定期更新。这个持续更新、再调整的心理表征过程（像一台电脑）是一种关键性的机制，通过这种机制，儿童建构他们的心理世界；并在这种程序性的学习过程中，他们起到了积极的、主要的作用。因此，我们认为，皮亚杰的建构主义教学法是主动的、进步的与建构性的。

- 主动的——儿童自发地探索环境，并与环境互动，而且儿童学习的进度是由儿童自身行为调控的。
- 进步的——随着时间的推移，幼儿在行动力和与环境互动方面的能力不断增长，而且这些行为的复杂性，随着时间的推移也会得到稳步提升。

- 建构性的——发展依赖于构建更复杂的心理表征，而这种心理表征植根于外部世界中的经验与行为。

> 查理（4岁5个月）很喜欢恐龙。当幼儿园的自选活动开始时，查理经常选择阅读一些有关恐龙的书籍。首先，他会花时间去看插图，与他的主要照料者一起为不同的恐龙命名。接下来，他把书中描述的代表不同种类的恐龙与塑料图片一一配对。通过他对恐龙的兴趣与阅读书籍的活动，他对恐龙的理解开始发生变化，从认为所有恐龙都是一样的，逐渐转变为知道恐龙也有很多特定的种类，并且每种恐龙都有特定的名字与外表。

查理的学习是从对恐龙的兴趣开始的，兴趣动机驱使他进行一系列活动去更深入地了解恐龙。通过活动，他逐渐建构起关于恐龙的新的、更复杂的知识。

早期理论回溯

建构主义学者认为学习是主动的、进步的与建构性的过程，而这一观点与先前的、更被动的先验性发展理论形成鲜明对比。下面我们将简单回顾这些早期理论中的一些关键原理。

行为主义学说

儿童发展认识理论中最具影响力之一的就是行为主义学习理论，它在20世纪初占据学校教育的主流地位。约翰·华生（1878—1958）和B.F.斯金纳（1904—1990）等行为主义学者提出了"白板论"，他们认为人生来就是白纸。换句话说，人生来都是一样的，后天的环境塑造了我们，使我们变得不同。强化（或奖励）与惩罚——行为主义理论的这两个概念被视为儿童培养策略中的关键性原则。对于行为主义学者来说，强化是奖励一定的行为，以确保这些被奖励的行为得到保持与增强。表扬与奖励儿童的良好行为，惩罚儿童的不良行为，这些原则主要是从行为主义学者的观点发展出来的，并且，在20世纪大部分时期里，这些教育原则成为培养儿童的主导观念。在20世纪中叶的社会学习理论方法论中，行为主义学说得到进一步发展，发展过程中的被动性有所削弱。与早期的行为主义学家不同，艾伯特·班杜拉（1925— ）更多强调儿童对周围世界的观察，并对所要模仿的榜样行为进行认知性选择。

> 洛林（早期教育教师）对学步儿小组解释道：在提供午饭前，每个儿童都应当坐在桌边做好准备。利亚（2岁8个月）拿起汤匙敲打桌子的边沿，声音有点大，吸引了附近的几个孩子。保罗（3岁）被声音逗得咯咯笑起来，并开始模仿利亚的动作。

上面提到的保罗对利亚动作的模仿，这个简单案例体现了社会学习理论中的一个原则——幼儿观察并有选择性地模仿环境中的榜样行为。

批判性反思

行为主义理论认为，儿童和普通人能够在某种方式下被改造，但是他们的个体性动机将完全褪去，学习与探索的主动性也会被削弱。在某种程度上，儿童并没有真正参与他们的发展过程，并且他们本身在学习发展过程中所起的作用很小或者说根本不起作用。因此，行为主义方法论的最大争议之处就是其将学习定义为被动、受控的行为。

精神分析学

在有关儿童学习与发展方面的理论中，另一个最有影响力的理论就是精神分析学派。简单地说，精神分析学十分强调社会化与情感的发展。西格蒙德·弗洛伊德（1856—1939）创立了这一理论，他对人类一生发展过程中的主要特征进行了概述。弗洛伊德认为：人类刚出生时的心理，大部分是由原始驱动力与本能构成的，也称之为"本我"。在儿童早期，"自我"已经逐渐显现出来，再加上社会性与情感的丰富发展，儿童逐渐能够更深程度地管理"本我"的原始本能。

> 卢比（3岁4个月）在托儿所的户外场地玩耍。她发现自己很难专注于周围的活动，却能够专注地观看西蒙的动作。西蒙开了十分钟左右的小卡车，卢比一直伴随左右。卢比也想开卡车，但是她的主要照料者珍妮对她多次解释道，卢比需要等西蒙结束之后才能够去开卡车，在这之前卢比需要耐心等待。西蒙开完车后，就要轮到卢比了。

尽管卢比对于别人正在玩卡车这件事情有点苦恼，但是她能够接受规则要求——如果她等待，她也能够玩到卡车。卢比已经具备克制冲动、延迟满足的能力，从而能够满足社会的要求，尤其是由家长或者照料者提出的要求。

批评性反思

精神分析学一直饱受批评，因为它过分强调人类的生理驱力和性驱力。弗洛伊德的大部分理论是基于对少部分儿童的观察而得出的。虽然精神分析学一直帮助我们理解生活对婴幼儿的情感影响及儿童早年情感经历的重要性，然而这个理论在学习和发展方面的阐述并没有体现出儿童主动性的重要作用。

从具体到表征经验和理解

与这些早期理论相反，皮亚杰的建构主义观点强调，教学法应当把行动与自主解决问题看作学习和发展的核心。这样的教学法同样强调过程，即从婴儿时期物质的、具体的世界，通过感觉与运动获得经验，进一步发展到儿童后期的抽象的、复杂的世界，这段时期儿童以语言和符号为表达方式来促进想象与幻想的发展。

我们需要稍加思考，这个过程是如何从完全物质的、具体的世界发展到想象的世界的。本书将在各个章节对皮亚杰的认知发展四阶段论展开论述，以进一步探索这个过程。婴幼儿很大程度是由生物和物理需求主导的——睡眠、食物和温暖（Smidt，2011）。然而，随着儿童的成长，他们逐渐减少对物质世界的完全依赖，逐渐转向包括听觉、视觉、触觉、体验和思维在内的另一个世界的发展。维果茨基将这一变化，即由物理性需求提升到更高层次的心理功能发展，看作由成人或者更有经验的或者熟练的同伴促成的。然而皮亚杰并不强调成人的灌入式教育，而是发现了儿童的学习很大程度上是在自我指导。皮亚杰认为，儿童是一个个小小科学家，在探索与反思的过程中发展着自己的能力。维果茨基被认为是社会建构主义者——换句话说，他赞成皮亚杰的理念——相信儿童是主动性地建构自己的学习与发展的。然而，与皮亚杰相比，维果茨基看到了成人在儿童学习中的干预与协助作用，并且非常强调社会与文化背景的作用。

儿童会逐渐突破自我观点与物理环境存在的局限。更重要的是，儿童能够积极主动地投入到思维发展过程中。从婴儿期的感知觉运动到儿童后期和青少年早期的抽象思维能力，米勒（Miller）紧紧地抓住了这一认知之旅。

> 通过无数次与环境的相互作用以及对这些作用的反思，儿童对以动作图式为基础的世界的理解，逐渐发展到以表征为基础，再到内化、组织性动作的世界。而这一发展过程的魅力就在于它是循序渐进的。
>
> （Miller，2011，p.165）

让我们进一步观察，当谈及由物质的、具体的世界发展至一个更加符号化、最终抽象化的表征世界时，这个过程究竟意味着什么。正如埃希提出来的那样。

> 尽管内化动作通过口头（符号）指令已经快速发展，但是许多能力还是伴随着感知觉动作而发展起来的。在刚出生的第一个月，婴儿已经有一定的基本动作行为，如吮吸、敲、看、闻及挥手等动作。当这些动作作用于物体时，就会产生知觉反应。
>
> （Athey，1990，p.34）

因此总的来说，感知觉运动如敲击桌子、椅子等硬物，所发出的响声很大，会产生知觉反应，但是敲击如垫子或者毛绒玩具等软物而发出的响声很小或者是无声，所以不足以引起知觉反应。建构主义学习观的核心是，理解儿童动作行为与随之产生的反应之间的联系。

知识体系与世界观都是通过个体经验的建构与再建构过程而形成的（Ackermann，1996）。皮亚杰的建构主义理论使我们能够有机会了解儿童感兴趣的事物，了解儿童在发展的不同阶段所能够取得的成就。这个理论指出了随着时间的推移，儿童行为及思维方式所发生的变化，以及在何种情境下，儿童更有可能"放弃—或者坚持—他们当时所持有的想法"（Ackermann，1996，np）。

图1.1 感知运动学习

语言的出现能够进一步调整并促进儿童去更好地建构这个世界。语言丰富了儿童的经验，为感知觉运动转化为知觉并内化提供了适当的途径。在这个表征能力的新阶段，儿童已经不仅仅通过动作与反应获得信息。例如，感知运动阶段的婴儿需要看到与体验物质世界中的相互作用，才能明白事情是怎样发生的。幼儿也许能够把十个空心方块按照大小顺序套放起来。但这个感知觉阶段的儿童只是稍微掌握，甚至根本没有掌握大小顺序概念，因此可能需要将一个空心方块与其他的方块重复比较30—40次后才能套放成功（Athey，1990）。一旦儿童能够以符号或者语言的方式表征经验的效果后，他们就能够内化或者将这类动作反馈储存为"规则"或"操作运算"，这样的过程会快速、有效地提高学习的进程。大方块无法放进小方块，这样的经验成为一条指导原则，使得儿童在今后的动作发展过程中避免犯这样的错误。通过这类新的指导原则，儿童也在转换并重新建构周围的一切。

那么，来总结一下目前我们掌握的皮亚杰建构主义理论的一些特征：

- 儿童通过自己的动作行为建构对周围世界的认识。
- 学习由身体动作开始，并形成于这些动作与反应所产生的感知觉反馈。

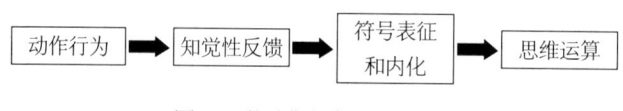

图1.2 从动作行为到思维运算

- 通过符号表征，主要是语言，使儿童能够内化这些效果，并把它们转换成原则/规则/操作，从而提高儿童的思维能力。
- 当儿童已经掌握动作与反馈之间的关系，并且了解某些行为（操作）与效果（转换）之间的永恒一致性时，儿童开始进行思维运算。
- 当反馈由外部世界提供并展开的时候，儿童关于世界的认识随着时间的推移而逐步建构，并且变得复杂。
- 建构知识的过程可以看成螺旋上升的过程，在这个过程中儿童的持续性经验、思维及理解能力先后得到发展，最终能够精确地理解周围的世界，并且这个过程的机制也能够被记录下来。

建构主义教学法中的关键概念

1. 发现学习

皮亚杰建构主义学说在拓展早期儿童及儿童发展学说方面，最重要的贡献之一就是，提出这样一个概念，即儿童能够不断发展更抽象且综合的能力，独自解决他们在这个世界所遇到的问题（Oates *et al.*, 2005）。相较于在学习中更注重成人支持的维果茨基，皮亚杰的理论更支持发现学习的教学原则。丰富的学习环境是他理论的重要特征，却并不很注重直接指导。为主动探索、探究概念及物理事件提供机会，是这种教学法的关键做法，这样儿童就能够在他们经验的基础之上建构并理解知识。皮亚杰教学法的一个有趣特点是，尽管在帮助儿童学习的过程中，他没有强调成人角色的作用，但是他却赞同同伴关系，他认为这为儿童提供了各自观点碰撞的机会，并能够促使他们对提出的观点进行有深度的评价。

2. 主动学习

发现学习的名称就暗含了学习经验中的主动性。学习的过程包含了对知识的主动建构。因此，教师必须安排活动，使得知识能够被主动建构而不仅仅只是被复制或者传递。

3. 儿童是学习的中心

建构主义教学法将儿童置于他们自己学习的中心，教师需要留心儿童在学习情境中已有的经验并发现它们，以及教师可能希望传递的经验。建构主义学者会以这样一种方式去创建环境，即教师与儿童共同商议，并赋予知识意义（Athey，1990）。

4. 观察儿童

皮亚杰理论的优势之一就是，他创建的学习方法，是基于对幼儿非常详细、切实、精密、细心的观察——大部分来自他自己的孩子劳伦、露西亚和杰奎琳。注意儿童兴趣和能力的细节之处，记录他们变化了的能力、更为复杂的思维模式以及发展中的个体差异，这些都是建构主义教学的核心组成部分。通过观察与实践性反思，与幼儿一起工作的早教工作者通过记录和积累的方式，开始深刻认识儿童认知发展模式及儿童发展的其他相关方面。

5. 实践产生理论

皮亚杰建构主义理论强调行为先于知识的出现，因此，理论只能形成于实践中的行为。早期儿童教育中的大量教学方法都赞同这样的教学法，例如高瞻课程、瑞吉欧·艾米利亚和福禄贝尔教学法都强调游戏化地、主动地在实际生活经验中去操作真实的材料。

CHAPTER TWO
The landscape of cognitive development in childhood

第二章
儿童认知发展概况

引言

认知发展是指思维过程,例如记忆、问题解决和推理过程中的变化与发展。本章将针对儿童认知发展领域做简单综述。当探索这一发展领域时,我们将总结认知发展领域对社会及情感认知等其他领域的发展产生的影响。我们将进一步思考游戏与认知发展之间的联系。在本章,我们将总结对皮亚杰认知发展阶段理论的各项反思,概括早期儿童教育理论的意义,最终汇聚皮亚杰同时代及后世理论家关于认知发展领域的一些核心理论信息。

认知发展的定义

认知发展是指认识、理解、心理表征、思维和记忆,以及从婴幼儿到儿童早期,这些过程是如何发展变化的。

正如雪弗所表述的那样：

> 这些过程总的来说可以包括感知觉、记忆、分类、理解、推理、思维、问题解决、概念化、分类规划——简单来说，就是我们用来适应和理解这个世界的人类智力表达方式。
>
> （Schaffer，2006，p.96）

意义建构

在早期教育中最大的挑战之一就是，使日常生活中所发生的新事物更有意义。斯米特（Smidt，2011）观察儿童努力理解世界的各种方式，尤其是关于儿童学习理解他们周围世界中的符号和象征的方式。维果茨基和布鲁纳强调语言在理解经验并使经验更有意义的过程中发挥的关键作用。

> 安迪（2岁）喜欢在娃娃家玩耍，那里放着一些空盒子、金属罐和其他一些在商店里可能会看到的物品，这个角落布置得像一个小商店！安迪喜欢拿着这些东西，去探索它们的颜色、图案、重量及性能。大部分处于安迪这个年龄的儿童都能增强他们对于物品名称的认识，安迪在活动中不停地重复他所了解的词语，然后他的主要照料者将这些词语再重复给安迪，并在这个过程中纠正一些词语的发音。安迪平时经常与他的母亲一起去商店，他知道母亲会把清单放进手推车里面，因此他模仿母亲的动作，也用了一个玩具手推车。
>
> 安迪（现在4岁）在娃娃家与伙伴们一起玩商店游戏。他提着一个袋子，充当超市里的购物篮。他从货架上面挑选物品并把它们放入篮子里。将物品放入袋子里需要动作灵敏并专注，所以安迪在"商店"里逛的时候，与扮演商店工作人员的孩子一直交流着物品的价格与质量。安迪的确很喜欢这个活动，他喜欢扮演顾客这个角色以及所扮演角色与店主之间的互动。这个角色扮演活动使得安迪有机会以主动的参与者，而不是观察者的角色去理解整个情境。

当儿童感受到担任主体的责任感，或者能自主掌控学习过程时，好奇心就是儿童进行探索的主要动力之一，也是认知发展的关键因素（May，2011）。当布鲁纳（Bruner，1976）提到在具体情境中获得的学习经验对儿童来讲更具有意义和目的性时，皮亚杰也注意到儿童的自我激励在探索周围世界中所起的作用。脱离特定经验或事件的知识是会分崩离析的，因为对儿童来说，这些知识是无意义或者不可接受的。另一方面，具体的、第一手的经验，使得儿童能够接受关于这个世界的知识，反过来，这些知识也会促使他们更好地理解自己的经验。

我们可以通过对幼儿时期的儿童活动进行关注，来探索认知发展的意义，如下文中呈现的案例：

> 瑞秋（7个月）在妈妈帮她准备食物时坐在她的高脚椅上，一个彩色小丑玩偶和一些蜡笔放在她的托盘里。瑞秋一会儿把它们一个个拿起来放进嘴里，一会儿又把它们放在托盘里摆弄，试图用这些方法去探究它们。最后，她把托盘里的东西推到地板上，当它们接触到地面时发出了巨大的撞击声，在附近玩耍的哥哥杰克（5岁）捡起这些玩具并把它们放回了托盘。瑞秋很开心她在周围的环境中"能让一些事发生"，于是她又一次将玩具从盘子里推出去，玩具被推落在地。这次杰克不开心了，向他的妈妈抱怨说瑞秋在烦他。

很明显瑞秋和她的哥哥不在同一发展水平上。就他们的认知过程及对同一事件——瑞秋把托盘里的玩具往外推这一事件的理解上，他们的行为也表现出差异性。瑞秋发现自己能够使物体坠落到地板上，这使得她感受到了掌控的力量和随之带来的喜悦感，而这些感觉促使她不断地重复这一行为。然而，杰克已经进入另一个不同的认知发展水平，他不再仅仅依赖感知觉世界去展示他的行为。对他来讲，瑞秋的行为看起来很无聊。除了打扰他，似乎没有什么其他的作用。瑞秋的学习和发展过程大部分是由皮亚杰的感知运动理论来支持的。换句话说，瑞秋对物体和属性的认识大部分依赖于她看到的、听到的、摸到的、尝到的和感受到的周围物体。正如德哈特等学者所强调的那样，语言和抽象概念还不是瑞秋思维中的明显特征。她所知道和记得的事物是与她所看到、听到、感觉、尝试、触摸和做到的事物直接联系起来的。

另一方面，杰克能够用语言来表达他对瑞秋行为的烦扰和恼怒。杰克能够对事物进行思考，甚至能够思考根本不存在的事情。他已经发展到我们称之为"心理表征"的阶段——能够在记忆中储存画面和符号的能力。当进入儿童早期，儿童开始以一种更先进的水平理解他们所处的世界，并且更偏重于理解事情是怎样发展的，以及这些事件为什么会发生。对于瑞秋来讲，"能让一些事发生"这一能力的发现使她获得极大的喜悦感及成就感，杰克用另一个完全不同的方式来解读她的行为——他觉得这些行为没必要且无意义，并且这些行为打断了他自己的游戏活动，使他感到烦扰和恼怒。

瑞秋和杰克能力之间的最大不同点之一就是他们理解、认知或者解读他们周围环境信息的能力。所以，认知能力不单单需要关注智力行为，更和儿童的社交行为以及解读他人感受与想法的能力紧密相关。在之后的章节里，我们将会更加细致地关注孩子从婴儿期成长到学步期和学龄前期的认知发展过程，及其过程中出现的更加具体的改变与发展。正如前一章的瑞秋和杰克的案例，儿童在认知发展中是积极主动的参与者。通过与环境中的人与物进行探究和互动，以及从中得到的相关反馈，儿童的认知能力已经发展进步到能够更具有目的性地规划活动，能够更深层次地理解行为所可能造成的结果。

游戏与认知发展

皮亚杰对游戏与认知发展之间的关系很感兴趣,并把游戏定义为"儿童的认知发展通过同化经验,达到一个更高水平的过程"(Piaget,1951,p.87)。事实上,皮亚杰和维果茨基都强调角色扮演游戏能够帮助儿童更好地理解日常生活,并相信游戏是创造想象的来源之一,然而正如我们接下来所看到的,皮亚杰所强调的游戏更可能被看成是儿童能力发展的指标,而不是用来促进认知的发展。

读完这本书,我们会发现皮亚杰理论更适用于儿童早期发展。通过在游戏情境中不断重复的形式帮助儿童练习所获得的新概念,一直到这个概念得以建立并深深印刻在他们的脑海中,这个术语也称为"图式游戏"。(May,2011,p.24)

> 马库斯3岁的时候,一直玩他的火柴盒汽车。他有满满一袋的火柴盒汽车。他可能会花费很长的时间把这些车排成一条长长的队伍,使它们看起来像正处于交通堵塞之中,或者并排放置让它们看起来像是一个停车场。一天,完全出乎意料地,马库斯拿来一叠纸和一卷胶布,开始小心地包裹他的小汽车。接下来几天,他一直在包裹他的小汽车,一直到全部完成。之后,他把这些汽车放进提袋里,再把提袋放进他的衣橱里。马库斯的行为说明他正在发展他的包裹图式,这意味着这个时期的儿童想要裹住或者包起物品。基于皮亚杰的图式理论,克瑞斯·埃希(1990)将图式概述为儿童探索高度、重量、速率、音量、容量等特定概念时所具有的"行为模式"。世界闻名的笔绿中心(Pen Green Centre)的职员已确认了36种不同的图式,但可能还存在更多的图式。

自发性是儿童游戏的一个关键特征,同样也是儿童能够自由地在新旧信息之间探究和建立联系的特征之一。创造性想象的来源之一,是儿童在角色扮演游戏中用一物去替代另一物的能力。

> 角色扮演游戏需要有将物品或者行为符号化的能力。它通过社会性对话和协商而得到进一步发展。角色扮演游戏包括角色扮演、脚本知识和即兴创作。
>
> （Bergen，2002，np）

角色扮演游戏能够使儿童体验到一些简单、自然且乐在其中的活动，尽管从这种游戏的定义来看，我们认为它也包含了一系列复杂的技能。皮亚杰（Piaget，1951）将角色扮演看作符号表征能力发展的指标——这是一种能够从相关或具有代表性的事物中提炼出某种概念的能力。然而，正如之前提到的，皮亚杰并不强调通过游戏来推动认知能力的发展（Lillard et al.，2012）。

另一方面，维果茨基（Vygotsky，1967）认为儿童能够通过角色扮演游戏来发展他们用符号代替具体事物的能力，并认为游戏与认知发展之间存在因果关系。近来，越来越多的研究聚焦于角色扮演游戏中儿童认知技能的发展。例如，角色扮演游戏的过程中，长期存在的能力与元认知能力（反思自己认知过程的能力）相关，问题解决能力和社交认知能力也得到认同（Bergen，2002）。具体来讲，与大脑很多区域相关的、复杂且多维度的能力，更有可能在高水平的角色扮演游戏中得到发展。如果我们用一小段时间去反思《游戏的力量》（Brennan，2004）的选读部分，那我们会更加清晰地明白这些观点——角色扮演游戏是如何提高这些能力的。

> 孩子们沉浸在角色扮演游戏中。有时，他们会在一旁设计和决定适合每一个角色的脚本。男孩们向西沃恩老师描述他们将要做的事情。如消防员正在进行一项紧急的任务，但其中两个男孩在开车时争着抢方向盘，一个男孩在这个过程中受了重伤并假装死亡，另一个男孩进行施救工作。很快，那个男孩恢复过来，并继续前进。在旅途中，他们总是在巨大的压力下迎接下一个挑战，如小宝宝生病了，必须马上送到医院去……车上的三位乘客讨论着道路情况、急转弯、交通信号灯等，在他们评价司机的话语中，透露出旅程中所经历的惊险与吵闹。你瞧，又一个事故发生了，现在所有乘客都下车，而司机开始打电话请求紧急服务。
>
> （Brennan，2004）

利拉德等学者（Lillard et al., 2012）回顾了角色扮演游戏在儿童发展中所起的作用的证据，并支持皮亚杰将角色扮演游戏视作认知发展的指标（而非认知发展的促进器）这一看法。在这一文献中，研究的结果并不支持游戏和认知结果之间的因果关系。然而，有意义的是，作者说明了以儿童为中心以及包括自发式学习机会和同伴互动在内的"游戏化学习"（Hirsh-Pasek et al., 2009），是儿童发展中最为积极的学习方式。

从教育工作者的角度看待幼儿思维

正如罗伯森和哈格里夫斯（Robson & Hargreaves，2005）所强调的那样，当我们讨论"思维"时，我们讨论的不仅仅只是知识的获得，还包括他们之前一直特别指出的批判性评价、创造力、决策以及自主行为、自我（元认知）反思等能力。它们都是"思维"的组成部分。罗伯森和哈格里夫斯（Robson & Hargreaves，2005）指出，近期人们才开始把更多的注意力放在早期儿童思维能力发展的相关方面，并关注教育工作者是如何组织活动来支持儿童思维能力发展的。在这样的情况下，5位早期教育工作者开展了关于探究3—5岁儿童思维能力发展的质性研究。而在这之前，研究者们着重于对年长儿童思维的研究（Wallace, 2002）。这项小规模研究中的一个有趣发现是，儿童思维能力的培养活动并不总是早期教育课程中的明确组成部分。研究结果同样强调，我们应当给予儿童自我选择的机会，并对他们所选活动的高效开展等方面给予更多的关注；为了能够更好地在儿童早期培养其思维能力，应该给予教育工作者与儿童之间更多的谈话与交流的机会。这些教育工作者所持的观点透露出一个局限之处，那就是他们将"思维"这个词狭隘地定义为活动中的问题解决能力。此外，关注思维能力发展其他方面（如儿童的概念发展、想象力、创造力等）的一个潜在益处也逐渐显现并被讨论（Thornton, 2002；White, 2002）。当儿童的知识储备量很丰富，并且潜在创造思维能够将知识与感知觉联系起来时，他们就能将已有的知识和促进认知发展的新事物联结起来（May, 2011）。

儿童期及之后,认知发展是如何与其他发展领域联系的?

米多斯认为：

> 事实上，人类的活动都包含着思维、学习、概念的运用等等，因而，活动是认知性的。讨论彼此分离的发展领域的问题在于，它削弱了这些不同领域之间的关系，如认知、情绪、社会知识之间的联系。
>
> （Meadows, 1993, p.2）

这段引言中，米多斯强调的是，心理学家在不同发展领域中（如认知、情绪和社会发展方面）制造出来的人为区分。仔细观察儿童期的认知发展，可以看出皮亚杰并没有强调儿童情绪与社会生活方面的发展。如何观察、解释并最终理解我们周围的世界，而这种对世界的理解，又是如何反过来影响我们感受周边所发生的一切的——这两者之间的关系可以帮助我们这些教育者更好地理解儿童在不同领域的发展。例如，儿童的思维在他们生命的头一年是如何发展的，对于这一问题的关注使得我们能够洞悉儿童发展的特定方面，如儿童视自己为独立个体的意识状态、自我中心想法的转变、情绪管理的发展、移情与观点选取以及诸如此类的能够支持这些发展的相关活动。

社会认知

社会认知是指在社会交往中所涉及的更加具体的认知能力。例如，理解他人的能力，协商、分享、采用他人观点的能力——这些能力来自于认知的发展，并且如我们所见，这些能力在我们与他人交流、与他人友好相处时是至关重要的。为了能理解自我与他人，我们需要发展情感理解能力，而这种能力是在婴幼儿早期逐渐发展起来的。

读懂情绪并了解这些情绪是如何通过身体的姿势、动作和面部表情以及语调等表达出来的，这种认知能力对我们来说是至关重要的。它们能够帮助我们在这个世界中更好地理解、预测并控制我们的行为。米多斯（1993）强调，儿童需要学习这些技能，以便能够与他人合作、竞争。我们将在本书后面的章节进一步探讨这个话题，并会发现更多已经实施的关于儿童理解其他人观点能力的研究——其中大部分是在"心理理论"这个宏观背景下的能力研究。特别指出的是，心理能力理论包括能够全面地推断出精神状态的任何变化（如信念、欲望、目的、想象、情绪等）（Baron-Cohen，2001）。对理解他人的想法感到困难，是自闭症谱系的一个核心认知特征。

最后，想要了解认知发展是如何超越思考和加工信息的能力的，必须先了解认知发展及其相关理论如何促进高效治疗方案的发展的。该理论能对治疗产生如此大影响的原因是：认知行为治疗法（CBT）这一治疗方案聚集了大量的行为与认知两派的心理学原理。这种治疗方案的认知要素聚焦于个人处理或者解读信息中的缺陷/扭曲之处——而这有助于个人尝试厘清这些问题，并尝试着将这些处理方式替换为更加精确地解读事件和他人想法的方法。

皮亚杰的认知发展阶段论

皮亚杰给后人留下的遗赠中最为广泛接受的大约就是他提出的"结构性差异，前运算以及运算，心理结构"（Wood，1998，p.59）。简而言之，皮亚杰在"普适阶段"和"儿童发展阶段"的基础上，使为儿童的学习和发展制订计划成为可能。在"儿童发展阶段"中，所有处于这个年龄阶段的孩子拥有同样的核心思维特征。与之相反的是，年龄阶段与儿童年龄相对应的思维结构有着质性的差别。皮亚杰提出的理论中包括四个显著的认知发展阶段，我们将在第三章着重介绍这些阶段以及与这些阶段相关的能力。然而皮亚杰本人并没有阐明他的理论具体对任何年龄阶段的儿童教育有何种意义。他的思想，尤其是具体说明儿童学习某一概念的序列性的观点，能够迅速建构"学习预备"的新理论。这个理论能够让教师和实践者根据他们所教儿童的认知水平，去调整自己的教学方式与教学方法。

然而，也正是皮亚杰理论的这一特征，经常招致批判性评论和挑战。越近距离地研究儿童，我们就越能发现他们的能力与技能通常是阶段性发展的，但在不同的儿童身上以不一样的方式出现。自皮亚杰理论形成以来，已经有不少领域的观点在不断修正中，包括：

- 认为一般智力仅仅单纯随着儿童年龄而变化的固定系统已经被基本否决。在该系统模式中，儿童并无法如皮亚杰建议的那样，跨越所有内容领域获取各种概念和广泛的概念性结构（Miller，2011）。
- 早期教育的分阶段模式被否认，因为对年龄和发展阶段的过分强调会导致学习环境的刻板惯例。
- 每个儿童在发展与进步过程中会受众多因素的影响，这些因素构成他们的发展情境。皮亚杰的认知发展理论强调大多数儿童在发展的特定阶段获得里程碑式发展，这一观点是非常有价值的。然而，我们不能在发展阶段中完全掌握每一个儿童的复杂性。
- 当今如瑞吉欧·艾米利亚的早期儿童教育，都围绕着这样一个概念建立，即人际互动、学习得以发生的物理和文化环境对于任何教育方法来说都是至关重要的。

总而言之，我们了解到皮亚杰理论倾向于低估儿童认知发展的一些方面，忽略融入当前正在发生的社会和文化背景。然而，除了这些局限之外，还有人认为皮亚杰在智力发展中高估了逻辑的作用。沃德（Wood，1998）认为，当前众多理论家提倡儿童认知发展的非连续性，而思维也的确会随着年龄发生变化。我们将在接下来的几章详细讨论皮亚杰发展阶段理论的优缺点。

皮亚杰之后的认知发展情况

在深入思考依据皮亚杰理论所形成的各个理论之前，我们将简要介绍两位我们所熟知的在儿童认知发展理论方面有卓越贡献，并对教育产生巨大影响的心理学家。下面，我们将简要地讲述这些理论的异同点。

列夫·维果茨基（Lev Vygotsky，1896—1934）

列夫·维果茨基是一位苏联心理学家。在他短暂的三十多年的生命里，令人瞩目地影响了心理学思维与教育领域。与皮亚杰的相似之处在于，维果茨基也关注儿童的思维和认知发展。维果茨基的大部分理论都在强调学习与发展过程中语言的重要性。皮亚杰和维果茨基都是建构主义者——他们的理论假设是：儿童能够积极地构建自己的知识并促进自身的发展。皮亚杰和维果茨基最显著的不同点是，维果茨基在发展中强调社会文化的影响。维果茨基是一位社会建构主义者，他的认知发展理论强调成人和出色的同伴在促进儿童学习中所发挥的重要作用。社会建构主义者提出这样一个观点——知识是在合作性学习中，通过对社会与文化相互融合的理解而构建出来的。在皮亚杰的理论中，指导是一个极其重要的术语，而语言是指导的重要工具之一。早期教育实践者采用了维果茨基发展出来的一些概念，具体如下。

内化：儿童通过内化的过程来学习。这里指语言和思维的融合促进推理。

支架：针对儿童发展水平的变化与需求，谨慎采取适宜的指导来支持并推动学习。

最近发展区：儿童现有水平与在他人帮助和支持下而达到的水平之间的差距。

杰罗姆·布鲁纳（Jerome Bruner，1915—2016）

杰罗姆·布鲁纳是一位美国心理学家，他的理论对发展心理学和教育学也产生了巨大影响。与皮亚杰和维果茨基的相似之处在于，布鲁纳强调行为和问题解决在学习和发展中的重要作用。皮亚杰和布鲁纳都很强调在实践中的具体问题与更抽象过程中的解决办法和行为之间建立深层联系，这一尝试是大有裨益的。只有植根于实际问题的解决，儿童才能理解并概括这些抽象概念的信息。布鲁纳在他的发展理论中也强调阶段性，但他并不赞同在发展的不同时期这些阶段能够代表不同的思维模式（modes of thought）。对布鲁纳来讲，阶段性进步的过程包含着从平稳进步到更加复杂的认知技能的有序发展。与皮亚杰相反，布鲁纳并不赞同"学习准备"这个概念，并认为这种方法在儿童更高级的学习中有诸多局限之处。

其他许多与认知心理有关的发展理论，大多都受皮亚杰认知发展理论的影响，简述如下。

认知发展的信息加工模式（Information-processing models）为皮亚杰和维果茨基的认知发展模式提供了理论上的替代性（Halford & Andrews，2011）。20世纪后半叶对认知发展产生重要影响的是计算机的发展。作为人类思维的一种模式，信息加工过程的运用，如储存和提取信息，是为了更好地理解认知发展是如何起作用的。正如哥斯瓦米描述的那样：

> 儿童输入一些信息，把它们转化为表征符号，再编辑这些表征符号转为输出信息。
>
> （Goswami，2011，p.643）

这些理论的目的在于试图解释皮亚杰所搜集的数据以及那些皮亚杰式的研究，如分析记忆力及整合不同输入信息的信息加工能力就不适用于皮亚杰式的研究框架。

心理理论是指人能够将心比心。换句话说，就是儿童能够理解他人与自身相异的信仰、目的和欲望。皮亚杰认为，相关概念之间是相互依赖的，这些概念能形成一个整体的认知系统，这个系统也影响了认知心理学领域的理论发展（Miller, 2011）。皮亚杰在他的理论中所关注的一个概念就是自我中心主义——幼儿倾向于从他们自身的视角去理解事情，而不能从他人的视角出发。这个概念在思维能力理论领域得到了进一步深入探究。

认知发展神经科学探究儿童时期认知发展中的脑部活动。在当代心理学界，关于婴幼儿和儿童早期思维的产生的知识领域依然非常活跃并具有创造性。心理学的这一领域也赞成这样一个观点——当认知任务激活认知控制和大脑动作领域时，行动和思维之间就会存在紧密联系（Diamond, 2000; Miller, 2010）。当成人需要完成某一特定动作时，他们会思考如何去做或者观察他人如何完成类似动作，这时成人大脑皮质的活化作用是相似的，而这一发现也证明了行动与心理表征之间的联系（Rizzolatti & Craighero, 2004）。

皮亚杰认知发展理论在早期儿童教学法中的深远意义

1. 在我们的实践中以正式或非正式的形式支持儿童学习

皮亚杰的儿童认知发展理论是从他仔细观察儿童的思维和学习中得出的。对于儿童的思维是如何随着时间变化及发展这一问题的理解，可以帮助我们这些教育者学习如何更好地推动儿童的思维与认知发展。

2. 帮助儿童理解他们的经验，并且使他们的经验有意义

我们获得了儿童从婴幼儿到儿童早期发展过程中的一些关键特征，从而能够洞察儿童理解新信息并使经验有意义的过程。早期教育工作者可以协助创造资源丰富的环境，以进一步引导和支持儿童进行这样的学习。

3. 避免采用可能会阻碍或者限制儿童思维和学习发展的策略

对于儿童认知发展的理解可以帮助我们更深入地掌握儿童在其他发展阶段的认知能力。因此将注意力集中于婴儿认知发展中的特征，我们就能够更好地理解学步期及学前儿童认知发展方面的思维是如何领先发展的。

4. 加工信息和解读信息

认知发展更关心的是我们如何加工和解读信息，而这一点在帮助我们理解儿童其他方面的行为发展上非常重要。例如，瑞秋的行为，及如前所述的瑞秋是如何认知性地解读行为的这些内部过程，对她来讲都是愉悦的来源。另一方面，杰克以不同的方式解读这些行为，他把它们定义为无意义的并使他恼怒的缘由。通过认知加工与发展，儿童理解这个世界并使它富有意义，而这些意义又是随着他们年龄的增长不断变化、发展的。

5. 以游戏的方式在早期教育中帮助并支持儿童

人们通常认为3—6岁是角色扮演游戏的黄金时期。儿童沉浸在幻想、角色扮演以及想象力所展现出来的冒险情境中，而语言和符号表征等又反过来促进想象的发展。所有这些儿童经验中的重要特征都与早期认知能力的发展密切相关。通过聚焦于儿童发展的这些方面，我们可以更好地研究儿童的心理。

CHAPTER THREE
The building blocks of cognitive development in childhood

第三章
儿童认知发展的建构

引言

我们在第一、第二章强调，皮亚杰认为认知发展是一种主动、复杂且具有自我组织性的系统（Miller，2011）。儿童并不是被动地学习经验，相反，他们通过与世界沟通、反思经验而主动建构知识。正如米勒所述：

> 一个孩子通过操作，在生理或者心理上知道或者理解手里所拿的是一只皮球或是一个拨浪鼓。婴儿通过吮吸、抓握、扔、摇晃和聆听物体的方式来构建客观世界。在今天看来，"主动性儿童"并不是一个革命性的概念。
>
> （Miller, 2011, p.653）

尽管皮亚杰因为强调一种人为分割的认知发展阶段理论而饱受批评（正如接下来在本章所见），但是他同样也很关注这一过程的持续性与渐进性。这个过程使得认知发展贯穿于儿童期与成人期。为了在这个世界生存，如在大学里学习新课程、换份新工作，甚至漂洋过海去国外度假，我们经常被要求去适应新环境。为了迎接这些新环境带给我们的挑战——我们必须努力适应这个环境中我们所不熟知的某些成分。在婴幼儿时期，儿童经常被要求去理解他们所遇到的新经验并赋予它们意义。皮亚杰的认知发展理论也反映出这种不断调整新想法、新概念和新意义的模式。儿童通过他们自己在这个世界的经验和行为去适应新信息，并生成自己的意义。而这些，最终将在皮亚杰所描述的发展阶段中向更高的水平转变。儿童或者成人的一生都在尝试主动地理解这个世界，正如其他有机体为适应这个环境所进行的必要性尝试（Meadows，1993）。

　　皮亚杰的研究为我们深入了解幼儿思维能力的发展，及其全面而复杂的过程和机制，做出了意义深远的贡献。在关注这些构建认知发展模板的基础上，我们了解到儿童能够加工并解读他们周围所发生的事件。这能够引导他们更加准确地理解他们所处的世界的特性。通过这一流程，我们也洞悉了这些过程中的机制。梅（May，2011）通过一个有趣的案例说明儿童的思维在发展的不同阶段以不同的方式来理解和处理信息。某些时候，当儿童尝试理解周围世界时，他们会出现一种被梅称之为"错误构建"的现象。一位妈妈问4岁大的女儿，早上在爷爷的农场时，她和爷爷在干什么？当时，一整个上午，爷爷在耕地，有一大群白色的鸟儿盘旋在她和爷爷耕地的拖拉机之后。这个女孩的回答正是我们所要举的例子。梅是这样描述的。

　　经过短暂的思考后，这个女孩回答道："我们当时在挖

海鸥。"

(May, 2011, p.22)

为什么这个女孩以这样的方式来解读她所见到的事物？她的认知加工的哪一方面促使她这样总结她所看到的情景？可能的解释之一是，这个年幼的女孩不能够去中心化。根据皮亚杰理论，这个女孩只能够在特定时间注意到事件的某一个方面。正如上例所描述的女孩，她可能只能够注意到挖掘的机器以及空中的飞鸟……但仅是孤立地注意这些事件，而不能将它们放在同一时间里。对于这个女孩来说，挖掘这个动作产生了鸟在空中飞翔这个结果，因为她还不能够在同一时间去注意这个事情的方方面面。另一个可能的解释是，这个女孩还没有完全发展好关于她所处世界里的鸟和其他事物的图式。所以，"从土地里挖出鸟儿们"对她而言并非是不可能的。

为了尝试去理解这个奠定皮亚杰认知发展阶段理论的核心机制，我们将在本章详细揭示与反思皮亚杰在童年时期认知发展关键过程中所用的这些相当复杂的术语的意义及原理。我们将通过搜集到的早期儿童工作的案例与说明，致力于获得清晰明了的儿童发展过程框架。本章将涉及构建与扩展图式、适应加工的组织以及平衡等在内的所有关键概念。我们也将思考这些机制或构建模板是如何为理解皮亚杰所述的认知发展阶段理论奠定基础的。本章还总结了皮亚杰的图式概念在早期儿童教育背景中是如何被进一步探究与发展的。

奠定皮亚杰认知发展理论的原理与机制

皮亚杰得出的最著名且具有争论性的结论之一就是将认知发展过程划分为一系列的阶段。每一阶段都遵循不变的顺序，每一阶段代表着特定的思考、反思的方式，并反映了一种基本的心理逻辑结构（Miller, 2011）。皮亚杰在他的理论中提出，儿童思维的特点是他们在自己所处的特定认知阶段，以特定的方式观察事物。皮亚杰的理论结构或者一系列心理操作程序可以运用于物体、信念或者儿童所处世界里的任何事物。重点在于，当我们提到心理结构时，并不是讲脑的生理部分，而是指儿童尝试去理解环境时所采取的一个组织有序又相互联系的想法或策略（Park & Gauvain, 2008）。稍后，我们将在本章详细研究皮亚杰的认知发展理论。我们也将思考一些备受争议的认知发展阶段的概念。然而，在这之前，反思皮亚杰构建其理论所用的主要术语是非常有益处的。

构建与拓展图式

正如上面所述，皮亚杰认为，儿童将他们关于世界的知识组织成更复杂的认知结构（Flavell, 1996）。在婴儿时期，认知结构被称为"图式"（Schema）——在某一特定时期能够将与幼儿经验相关的信息组织起来的结构（Miller, 2011）——与特定经验相关的一系列想法/概念。它的发展规律是这样的——以婴儿期动作为基础的图式，逐渐进展到以儿童早期表征为基础的图式，再进一步发展到以童年中期的内化、组织性行为为基础的图式。

让我们讨论一个实际案例。

> 查理（2岁4个月）关于狗的简单图式包括如"四条腿"和"动"等一些信息。因此，当查理第一次看到马，他指着马，并说是"大狗狗"。然而，查理凭借经验及逐渐提高的事物分类的能力，也会学着去识别和命名他所遇到的许多不同种类的动物。通过这种方法，儿童的图式会不断地扩展，并不停地调整，去反映他们理解的关于周围世界的千变万化的性质。

> 反过来再讲我们所举的关于查理的例子，他正在构建关于"狗"的图式，当第一次看到猫时，查理奇怪为什么有些"狗"有胡须而另一些没有。受经验与兴趣驱使，查理最终了解到"狗""猫"和"马"都属于"动物"这样一个更大的图式。

因此，我们可以清楚地了解皮亚杰的图式并不是固定不变的，而是时刻发展着的结构。换句话说，当我们遇到新的经验与知识，图式结构就会拓展改变。当儿童的图式扩展了，他们对周边事物进行分类的能力同样也能获得发展。稍后我们将在讨论皮亚杰的四个认知发展阶段理论时，进一步详细解说。

如何解释图式？一个简单的方法就是将它比作电脑里的文件夹——我们以共同主题的形式来整理或者区分文档。因此，作为成年人，你的飞机旅行图式里面会有登机手续、行李、候机服务台、登机牌、登机口等等。米勒（Miller, 2011）在观察婴儿将各种物体放进嘴里的吮吸图式后，将图式概念运用于婴儿的发展。当图式发展起来并变得更具复杂性时，儿童将物体区分为可吮吸物体与不可吮吸物体，并伴随着各种各样的子分类，如硬硬的可吮吸物、软软的可吮吸物和可口的可吮吸物。类似地，我们以日托中心对艾比的观察记录来说明"拿"和"抓握"这两个图式的发展。

- 艾比（8个月）爬向她最喜爱的玩具"霍比"，一个虽陈旧但是软乎乎、舒适的袋鼠玩具。一旦靠近，她能够一气呵成地拿起"霍比"。
- 艾比坐在露西（早期教育工作者）的大腿上，一只手够到了桌上的瓶子。因为她不会抓着瓶子递到嘴边，所以在这个过程中瓶子翻倒了。露西安慰她并将瓶子递给她，帮助艾比把瓶子送到嘴边。
- 艾比坐在她的高脚椅上，用两只手抓到了瓶子并慢慢将它抬着送到了嘴边。

这些对艾比行为的观察使得我们能够解释图式是如何帮她改善动作，最终使得她能够更好地控制她所接触的物体的。艾比获得了"拿"的图式，并学习到单手拿起"霍比"的经验。然而，其他的物体，如盛满牛奶的瓶子，就需要艾比更多的努力，如双手够物等。随着时间迁移，她的关于"拿"的图式将会随着适应各种物体的真实属性（软、硬、重、轻）的不同图式而得到调整，因此她也会获得一些不能被拿起的物体的图式，因为这些物体太烫或者太重（Santrock，2011）。逐渐地，这些图式变得有组织了，如当"吮吸"和"抓握"这两个图式最终组织成为一个更加高级的有序结构，这个结构能够协调好拿取物体与将物体送到嘴边吮吸这两个动作（Miller，2011）。

现在，我们可以将图式理解为以下几个方面。

- 皮亚杰理论中的基本构建模块。
- 与一个经验相联系的一组想法或者概念。
- 类似于用电脑整理资料时所用到的文件夹。
- 随着时间的推移与新经验的获得而不断进化与拓展。
- 经验所含的信息会被归类，并被进一步结构化。伴随着有序的知识层次，被组织的图式会变得更为复杂。

> 在托儿所的郊游中，詹姆斯看见了空中的乌鸦和小鸟。他的主要照料者凯斯告诉他，这两样都是鸟类。詹姆斯形成了鸟的图式，并将它们定义为"会飞的事物"。之后的一天，詹姆斯与家人去海滩看到了海鸥，海鸥与他已有鸟的图式相匹配。当我们有了新的经验/知识，并把它们归为我们已有的图式里的描述，我们将之称为同化（assimilation）。
>
> 让我们回到托儿所接下来的一个星期一，詹姆斯在外面玩耍时看到了空中的一架飞机。尽管飞机符合他"会飞的事物"这个文件夹，但看起来

飞机与他所见到的鸟大不相同，凯斯也告诉他飞机并不是鸟。现在詹姆斯有了一个拓展了的"会飞的事物"的图式，这个图式有两个子分类：鸟与飞机。这个过程被称为顺应（accomodation），它是我们改变已有的知识结构去解释那些不相符的新信息。

组织——适应与整合

梅（May，2011）把儿童的心理比作儿童以自己的经验、能力和兴趣为基础而建构的拼图玩具。儿童的图式是强有力的资源与工具，使得他们能够拼接更多的拼图。皮亚杰的"组织"是指婴幼儿整合已有认知结构或图式并将它们调整成更加复杂的系统的天生能力。例如，3个月大的婴儿已经学会将看和抓握动作与早期吮吸反射整合在一起。当哺乳时，婴儿能够同时进行这三个动作，而新生儿是不具备这样的能力的（Smith *et al.*，2003）。

杰米（3岁）已经学会拿着东西而不让它们掉落，将液体倒入容器中和用"够"的动作去拿到物体。在托儿所的午餐时间，杰米能够把这三种能力整合到一起，去服务与他同桌的其他小朋友。他小心翼翼地从架子上够到了果汁壶，并端着它走到桌边，将果汁倒入与他同桌的孩子的玻璃杯里。将所有的单个动作整合成一个新动作，这个新动作的复杂程度要大于各部分之和（Smith *et al.*，2003）。

适应——理解世界

理解世界也意味着儿童持续努力地去适应环境的多样特征。皮亚杰将儿童的理解和思维过程的中心机制聚焦于一个更加复杂化的水平之上——适应（adaptation）。儿童基于环境经验的基础去适应他们的图式。杰米适应了"端"与"倒"这两个图式之后，才可以协助午餐准备。

适应需要通过两个更进一步的机制而获得。

同化（Assimilation）——儿童将新信息与已有图式相联结的过程。

顺应（Accommodation）——儿童改变或者调整他们的图式以能够容纳新信息的过程。

米勒（Miller, 2011）指出儿童的心理并不是照相机，但是经验总是基于儿童当前的理解方式形成的。顺应的出现是因为当前的结构已不满足于解释事物或者事件。查理发现很难将"胡须"同化到他关于狗的图式中去。他最终采取认知调整，认识到猫与狗是两种不同类型的动物，而这促进了他对世界的进一步理解。因为我们是成年人，已经将周围的环境顺应成复杂图式，因此除了遇到崭新且不熟悉的事物，其他情况下我们并不需要特意因为环境而调整我们的图式。理所当然的，我们就难以理解现实中的同化与顺应。然而，对于年幼儿童，尤其是出生头一年的婴儿，适应环境就是探索与冒险的过程。对于婴儿和学步期幼儿，学习去了解和控制环境是一项具有挑战性的任务。在儿童早期，同化和顺应的过程就是持续不断地更新对世界的心理影像和认知，从而更加精确地反思周围环境的属性。

关于成人在怎样的情况下必须顺应新概念和经验，所举例子有——当智能手机出现时，我们是如何转换关于手机的使用概念的。手机已经不仅仅是联系朋友和发短信的工具，还可以被用来发邮件、上网、用推特、用脸书，还可以储存音乐、书和电影。

因此，皮亚杰理论的中心概念是，认知能力通过对周围世界的环境和生物之间的普遍适应方式的反思而得到发展（Meadows, 1993）。认知发展的调节是依靠同化（将新信息与已存在的知识结构相联系并理解）和顺应（由于外在新信息的压力而导致旧信息发展为新信息）这两个密切相关的过程而得以发展。在接下来的章节里,我们会花更长时间来反思同化与顺应这两个过程,并将它们应用于早期儿童教育的实际情况中。

从这些例子中我们可以看出,儿童在不断地寻求与周围世界的平衡,并通过认知加工来感知世界。正如史密斯等学者提到的:

> 同化帮助儿童巩固心理结构,顺应促进成长与变化。所有的适应都包含了同化与顺应的过程,并且促进两者的相对平衡,使儿童能够产生最原始的学习动力。当新经验接近于儿童的回应能力,那么他们为变化和成长而调整到的最佳状态就会呈现出来。
>
> (Smith, 2003, p.393)

阿克塞尔(10个月)可以自信地借助双手把婴儿食品放到嘴里。但现在他尝试着用勺子来吃。他成功地舀起了食物,但是送进嘴里的却是勺柄;食物则"喂"在了他的额头上。经过接下来几个星期的训练,阿克塞尔能够用勺子吃到食物了。

泰斯(4岁6个月)在一次拜访当地教堂时,驻足观看地上那些坟墓的墓碑。她观察到墓碑上面有一组组的数字(1809—1867)。她试着以她知道的数字组合的方式去理解它们。稍后她困惑地说道,"但是你没办法打电话给他们,如果他们死了的话,你能吗?"她的老师乔安妮解释道,这些数字并不是电话号码,而是日期,并介绍了日期的写法。

平衡——追求平衡

有时候,儿童会面临一些需要超出他们当前发展水平的能力才能应对的情境。通常这样的情况会导致儿童出现一种认知不平衡的状态。在真实的物理世界和对该物理世界进行心理表征的过程中,不断追求其平衡,能够促使儿童的学习和发展达到一个从未有过的复杂化阶段。正如我们之前强调的,在描述儿童认知发展的一些过程时,皮亚杰倾向于运用一些复杂的术语。这些术语之一就是——平衡(Equilibration)。皮亚杰提到,儿童的思维会变得更复杂,而这个转变是通过他所提到的平衡机制而获得的——同化与顺应的不断循环而产生的相互作用与结果。

想象一下,如果儿童只会同化而不会顺应的情况会是怎样的——我们所遇到的所有新事物都只能放进我们已有的图式中。如果我们只会顺应而不会同化,也会有同样的结果。这些情况所产生的结果最起码是让人茫然的,因为我们遇到的所有事看起来都是新鲜的,同时我们的世界里不再有循环往复的规律性。

因此,在这两个过程中需要平衡的存在。

平衡(Equilibrium)是指同化与顺应之间的平衡状态。

不平衡(Disequilibrium)是指同化与顺应之间的不平衡状态。

当不平衡的状态出现时,学习者就会追求平衡状态;也就是说进一步同化或者顺应。让我们来举个例子。

> 马修(3岁)正在水台旁边玩,而负责这个房间的教师艾瑞克进来时拎着看起来很重的袋子。艾瑞克说他带来了一些鹅卵石和一些小石头给马修在水里玩。"当你把它们放进去时,看看会发生什么?"艾瑞克鼓励地说道。马修把一些鹅卵石放进水里。他之前做过这些,所以他知道鹅卵石会

沉到水底。但是，艾瑞克拿出了另一种又轻又大的浮石。这种浮石是一种多孔的火山岩，它很轻所以能漂在水面上。"看看你把这块石头放进水里会发生什么？""石头浮起来了！"马修的意识中并没有浮石的图式。玩具船能浮，而石头则会沉到水底。新信息导致了一种不平衡状态，而马修自己有三个选择：

1. 他可以把石头带到隔壁房间，回来后装作它从来没有存在过。

2. 他可以选择去除玩具船和奇怪石头外貌上的不同之处，并把奇怪石头同化到他的"玩具船"图式中去。

3. 他的第三个选择是，通过顺应新信息、调整对石头的认识，在他当前的"石头"图式上做出轻微改变。

当儿童的行为与环境的需要相匹配时，他们就处于平衡的状态之中。据皮亚杰所说，儿童对不平衡状态的自然反应是——通过同化与顺应尝试着将事物带回平衡状态。

因此，总的来说，平衡是儿童质疑他们的已有知识，并在已有经验的基础之上理解世界的过程，可通过这种办法，去复习和更新他们的图式。当儿童适应新经验以及经验所产生的知识，尝试把新信息与已知事物协调起来时，他们或许经历着我们所说的"认知不一致"或者"认知冲突"（不平衡）（May, 2011）。经过一段时间，儿童对这个世界形成了经验，他们会解决一个个冲突，从而达到平衡，或者是思想上的平衡。皮亚杰相信，认知上的平衡状态与同化、顺应这样的不平衡状态之间的大量活动，能够协同工作，从而产生认知变化（Santrock, 2011）。

构建认知发展阶段性的模板

通过同化与顺应达到适应以及平衡都是皮亚杰儿童认知阶段发展理论的重要构建模板。以皮亚杰的观点来看，这些过程是持续不断地起作用的——一个以自己的方式重复循环的过程。皮亚杰认知发展模式的突出特征之一，不是思维和认知以完全平缓流畅的方式得到进步，而是能力在某个时期或阶段得到拓展，或者是说在发展的其他阶段达到平衡状态。智力增长被视作关于儿童认知结构的渐进式变化，这些变化会在阶段发展中显现出来，而每一阶段都不同于它先前的那一阶段。所有儿童在拥有成熟、理性的思维前，都遵循皮亚杰的阶段性序列进行发展（Wood, 1998）。儿童思维的结构在其认知发展的每一个阶段都是独特的，对在该阶段的所有儿童来说是一致的，且不同于其他阶段的儿童和成人。如伍德所说：

> 对于皮亚杰来说，发展不仅仅只是持续不断地、有步骤地累积所学事物。而是说，它是包含在生命周期特定节点的大量智力革命，每一阶段都包含着智力结构的重大变革。每一阶段都能获得不同的思维方式，并在与世界的来回交流中获得不同的理解。
>
> （Wood, 1998, p.52）

皮亚杰阶段理论所衍生的原则之一是教育理念中的"学习预备"。换句话说，就是儿童必须"预备"好向下一阶段发展，而不是被迫进入更高水平的认知功能阶段。虽然认知阶段理论对有计划地引导儿童学习是有用的，但是人们也指出它局限了儿童能力（Young-Ihm, 2012）。从广义上讲，我们应该将教学法知识与儿童发展的知识以及知识本身的性质结合起来（Young-Ihm, 2012）。也许，皮亚杰的主要贡献在于他对认知发展的特别关注，以及伴随和支持他的理论的细致观察，这使得早期教育工作者能够调整教育环境，发现有利于高效学习的策略。同样，维果茨基关注最近发展区，有利于促进儿童在超越已有能力的基础上去解决问题。

在皮亚杰理论之前，阶段理论已经开始影响早期儿童教育的方法。蒙台梭利教学法的教育计划核心之处就在于考虑到发展阶段与敏感期，因此，早期教育工作者才可以在这些阶段提供并满足与儿童阶段需要相适应的学习机会。幼儿教育领域中的华德福模式也关注成人期之前的儿童阶段，并将之划分为三个七年的循环阶段。

皮亚杰认知发展阶段

皮亚杰确认了认知发展的四个阶段，随之而来的若干个子阶段也被确认。表3.1将简单呈现这四个关键阶段。

表3.1 皮亚杰的认知发展阶段理论

阶段	年龄	主要特征
感知运动期	出生—2岁	婴幼儿通过他们在这个世界的各种动作及由这些动作所产生的知觉反馈来学习。
前运算期	2—7岁	儿童从物质性的、具体的世界进入到更加符号化的世界。当儿童进入这个阶段，这些符号变得更加有组织和逻辑性，从而使得儿童能够更加有效地思考原因。
具体运算期	7—11岁	逻辑思维变得更加复杂和精练，从而使得思维过程变得更加灵活。而思维也逐渐变得抽象，尽管动作仍是知识的主要来源。然而，这些动作现在能够以心理运算的形式完成。儿童不再仅仅基于外表来认识事物性质，而是基于多样的表象来认识事物的根本属性。
形式运算期	11—15岁	青少年具有更加有效的抽象思维及假设性思维的能力。

皮亚杰阶段性认知发展理论的挑战

皮亚杰的认知发展理论受到一些层面的质疑，对此，我们将从整本书的角度来全面把握，并为与幼儿展开的实际工作来总结经验。而最迫切的是，我们需要对认知发展阶段理论为何会饱受质疑和挑战这一点稍做反思。正如与幼儿朝夕相处的我们所知道的那样，儿童在认知能力方面并非每一天都显示出显著的变化。并不是说他们在发展方面没有显著的变化——显然，我们知道是有的。我们宁可认为这些变化是质变而不是量变——例如当儿童说出他们的第一个词语时的变化。然而，接下来我们将总结一些皮亚杰理论的主要局限，并将在接下来的几章中详细展开这些评论。

● 皮亚杰的阶段论被认为过于僵化和死板，且不能反映儿童在各个年龄阶段的水平和能力方面的巨大差异。

● 皮亚杰的认知发展阶段理论被认为低估了儿童的某些认知能力。许多后来的理论家指出，皮亚杰所用的一些用来评估能力的任务对儿童来说并不是友好的，当这些任务设计得更加符合他们的兴趣和出发点时，儿童就能够表现得更好。

● 当讨论到阶段性，皮亚杰自己也用到"不变"这个术语。然而研究也显示，儿童并不需要获得用于所有内容领域的概念和扩展延伸概念性结构。重要的是，皮亚杰本人在后期承认，当他用"参差水平"这个术语时，儿童并没有获得所有领域内容的概念——而这个法国术语也被粗略地翻译为"水平滞后"——并暗示，相较于其他任务，一般概念在某些任务中会出现得更早。

● 学习的内容可能会影响儿童发展某一概念的程度。一个好案例能够说明这句话——当这个物体是母亲而不是一个物理对象时，婴幼儿更可能描述客体永恒性的概念（Bell，1970；Miller，2011）。后皮亚杰时代的研究也确认儿童更可能顺利完成那些能反映儿童兴趣或儿童所熟悉的任务。

至此，我们在本章已经掌握了与皮亚杰理论相关的一系列复杂概念。当探索皮亚杰所开创的认知发展阶段理论时，我们将不断地回到这些构建模板。我们将对早期儿童教育工作中这些观点的意义做出一些整体的总结性反思。

对于教育实践的意义

我们需要学习由皮亚杰理论所产生的关于儿童能力的几个重要争论。目前最重要的一点是，儿童从特定经验中所提取的概念，是依据内嵌于这种学习的发展阶段而改变的。如伍德所说：

> 也许当儿童学习或者被教导如何去解决一个给定的问题，或者为一个困难的问题提供听起来合理的答案，或者是执行一个特定任务（数数或者加法运算）时，这类经验对儿童的影响会不同于他在往后发展阶段的经验里所获得的影响。儿童所学知识的地位与重要性是与他们处于何种发展阶段直接相关的。
>
> （Wood, 1998, p.52）

这里，我们着重关注以上所列出的皮亚杰提出的概念之一——关于图式的概念，并探索这个概念是如何在早期儿童教育中被适应与扩展的。

实践中的图式：拓展幼儿的思维

图式理论一直被有效地运用在早期儿童教育情境中，如探索儿童的深层认知和心理兴趣，并计划他们的学习。埃希（Athey, 1990）的大部分工作是在笔绿中心（Pen Green Centre）的实践工作，他强调了在儿童游戏中所出现的模式，并提出这样一个概念——通过对儿童游戏和行为中图式的关注与探索而拓展儿童的思维。根据埃希（Athey，1990）的说法，一些重复行为模式在儿童的游戏中是有迹可循的。通过在不同情境中探索与反复练习他们的图式，孩子们更加了解他们所处的世界。一些在笔绿中心高度强调的常见图式如下：

传递（Transporting）——将一个物体从一个位置带到另一个位置。

翻转（Rotation）——翻、扭、自我旋转或旋转物体。

容纳（Containing）——将他们自己、物体或材料放入不同的容器中。

覆盖（Envelopment）——盖住自己、物体或者某个空间。

埃希（Athey，1990）提供了更加综合的图式列表。帕伐德（Paffard，2010）也说到，早期教育工作者已注意到儿童通过探索图式获得不同概念的有益之处。例如，包围图式的存在也因这样的方式而得到关注——儿童把珠子之类的小物体装进盒子里，并在"洞穴"或帐篷里花了足够久的时间，最终逐渐构建出关于边缘、界限的模式。埃希（Athey，1990）和其他作者都很关心这个事实——对儿童游戏中图式的观察可以帮助我们理解儿童做某件事的动机。

- 基于儿童行为中的图式确认，我们可以通过基于他们个体兴趣及与此相匹配的课程内容来促进他们的学习。仔细注意儿童游戏和活动中的图式，可以帮助我们以有益的方式与儿童相处、交流并尊重他们的个人兴趣。

- 图式理论一直因特殊儿童的需求而做出调整。当我们想到那些幼儿，尤其是那些出生头两年的婴幼儿，在一个感知觉运动世界里学习和发展，并依赖于他们在物理世界的动作所提供的反馈，这样我们可以更好地理解他们。例如，视力或者听力受损的儿童或许没有机会获得环境反馈给他们的丰富知识。这样的儿童具有典型性。他们不能意识到所存在的游戏机会的范围，并有可能危险地发展出一个狭隘动作或活动技能，使得他们只能够支配一个狭隘领域。在一个安全的环境中，将这些儿童引入一个更加广泛的图式体系，或许可以开发他们在已有经验的重要领域构建能力的潜能。

- 最近，笔绿中心的阿诺德发现了年幼儿童的随机重复行为与他们心理世界的表征之间的一些有趣联系。阿诺德（Arnold，2010）致力于对儿童认知发展如何与儿童早期的社交和心理发展紧密联系这一现象的富有创意和洞察力的描述。笔绿中心与儿童、家长、工作人员、研究人员通力合作，并开展了对小部分甚至是个别儿童的个案调查。在此基础上，作者强调了认知与影响之间存在潜在的联系。

我们将在本书接下来的几章中介绍在实际运用中对图式的思考。

CHAPTER FOUR
The sensorimotor world

第四章

感觉运动世界

引言

皮亚杰认知发展理论的第一阶段重点描画了这样一条发展路径，即具有独特性反思、自发性并依赖于知觉动作活动的婴儿是如何发展成为一个能思考、具有目的性，并能对周遭环境有一定掌控能力的学步期儿童的。根据皮亚杰的认知发展理论，婴儿出生后的头两年可以更进一步地分为感知运动发展阶段中的六个子阶段。在这些发展子阶段中，婴幼儿最大限度地通过感官和运动来体验这个世界，并与之建立联系。然而，当婴儿成长到第二年时，他们的符号表征能力逐渐有所发展。大部分新生儿是通过大量的视觉、听觉、触觉、味觉和嗅觉来学习的，通过这些感官的综合作用，他们去探索和发现这个世界的相关属性。儿童成长到两岁时，开始能够运用基本的符号（用一种物体代表另一种物体)来与周围世界建立联系。他们这种符号表征能力的发展是伴随着语言的出现而出现的。

> 珍妮弗和妈妈维维恩之间最早的交谈就是通过触觉。当维维恩将珍妮弗拥抱在怀里时,珍妮弗紧紧地挨着维维恩,在她柔软的臂弯里寻找着最舒适的姿势。皮肤是人出生之后发育得最健全的一种感觉器官,并且大多数婴儿都喜欢被妈妈轻轻地抚摸。在珍妮弗午睡或晚上睡觉之前,维维恩对她缓慢又轻柔的抚摸,能够帮助难以入睡的珍妮弗安定下来。
>
> 当珍妮弗的抓握动作变得更有力时,她发现碰触妈妈的头发与脸是一个有趣的体验。对维维恩来说,这是一个信号,预示着她的孩子将会去接触粗糙的、光滑的、起皱的、柔软的和黏糊糊的等材质的物体,因此也预示她需要更加谨慎地照管孩子。
>
> 珍妮弗,像大多数婴儿一样,生来就喜爱甜食,尤其是甜味的母乳或婴儿食品。另外三种基本的味觉:苦、酸和咸,在后期才会形成。这个年龄阶段的珍妮弗将会讨厌苦的味觉,这会保护她避免吞下有害的食物。
>
> 婴儿几乎会品尝你给他们的所有东西,而且他们的小手将会不自主地去触碰他们身边的任何东西。实际上,婴儿的味觉和触觉是相互协调着发挥作用的,共同帮助婴儿探索发现这个世界。

与生俱来的探索能力

婴儿出生的头两年,他们通过自己的动作行为,以及这些动作行为所带来的意识性反馈,积极地建构了对周围世界的理解。正如我们在上文所强调的,发展是一个主动的过程,婴儿从复杂的情境获得理解能力,并主动利用这些理解能力寻求经验。婴儿在这个阶段理解能力的发展是一个循序渐进的过程,就像高普尼克等(Gopnik *et al.*)所描述的一样:

第四章 | 感觉运动世界

正如在我们理解这个世界或者是进行科学研究时那样,我们不会一击即中正确答案。相反,它需要一系列逐渐展开的、不断有序更正错误的过程。当我们获得发散性思维并更正了错误的观念后,我们离真理也就越来越近了。这就是皮亚杰所观察的婴儿理解这个世界的方式。

(Gopnik et al., 2001, p.16)

我们重点短期观察了三个儿童,他们来自日托中心,分别处于皮亚杰感知运动世界中的不同阶段。

> 凯蒂是一个8个月大的女婴。她正处于感知运动阶段中的第三个子阶段。她刚被送到日托中心,就被一切新奇的东西所吸引。她躺在垫子上,被悬挂在她头顶上的各种各样、五颜六色的物体所吸引。她伸出手触碰到了那颗彩色的星星,星星轻轻地摇晃了起来,并发出了"丁零"的声音。凯蒂被这个声音吸引了,再一次触碰到了那颗星星,那颗星星在她头顶上又发出清脆的"丁零"的声音。

从这些观察中我们能得出,对年幼的孩子而言,探索是学习的重要的方式。凯蒂,一个仅8个月大的婴儿,已经开始积极主动地发现她自己所看到的世界。就像我们所观察到的那样,好奇心引导她的行为和经历,促使她抓住每一个机会去注意、聆听、触摸和感受。通过这些积极主动的探索,凯蒂以一种循序渐进的方式发展着图式,日益有效地去表征外部世界。此时,她已经具备(形成)了协调的图式,也就是说,她已经形成了伸手触碰一件物体的图式和推动这一物体的图式,现在她将触碰和推动她头顶上星星的动作结合(同化)了。

> 乔西是一个12个月大的男婴。他正处于皮亚杰认知发展阶段理论中，感知运动阶段的第五个子阶段，即第三循环反应阶段。像凯蒂一样，乔西也对日托中心的所有事物非常好奇。乔西已形成了能够连贯做出一系列动作的图式。当他想要去抓住他喜爱的毛毯时，他会直接朝着毛毯爬去，并一边发出声音，一边挥动他的手臂。他爬向那个毛毯，试着将毛毯抓过来。毛毯开始慢慢地移动，但是被椅子腿挡住了。乔西更加用力地去拉动毛毯，努力将毛毯抓过来。

乔西不仅具备了凯蒂所展示出来的所有能力，而且具备其他方面的能力。乔西的行为比凯蒂的更具有目的性和方向性。他非常喜欢通过自己的试错去探索周围的世界。当他想要某个东西时，他会不断尝试。现在，乔西已经形成了一种更高层次的行为图式，这使他能够结合一系列的动作去完成他的目标。如果他在第一次尝试中不能实现他的目标，他将会一次次地尝试，直到他知道该如何用自己的方式去克服障碍。

> 马克是一个22个月大的小男孩，正处于皮亚杰感知运动阶段中的最后一个子阶段，即表征思维的开端。马克仍然对日托中心的一切感知体验很感兴趣。他会将颜料泼在纸上，会爬到物体的里面或下面去探索它，会用词汇符号去表征那些他体验过的物体。现在，马克正在玩一个色彩绚烂的蜡笔盒。当他沿着地面推蜡笔盒时，他嘴里发出发动机的声音。马克正从感知物体的世界向符号表征和情景扮演的世界发展。

如果仔细思考上面所记录的凯蒂、乔西和马克的活动中的方方面面，我们将会更加清晰地明白他们的发展和意识中所展现的本质。通过他们的行为，我们看到了一个持续不断的尝试错误的学习过程，其间他们更正了那些错误，并且重新审视了导致错误的不正确的理念。通过每一次与客体的互动，他们的图式被丰富和更新，以至于能对周围环境有一个更加精确的认识。

在儿童的发展过程中，注意其发展的秩序性和主动性也是非常必要的。儿童的认知发展过程是一个具有系统性的序列。皮亚杰高度重视这一发展过程的秩序性，我们将会在他的婴幼儿认知发展的六个子阶段发展模式的细节中看出来。感知运动阶段不是随机的，而是有组织的、有序的，由儿童发展核心的主动探索与高度个体性所支持。

在我们观察认知能力是如何通过皮亚杰感知运动阶段展现出来之前，我们将会用一点时间去思考婴幼儿的天赋，因为皮亚杰是一位率先探索婴幼儿前语言能力认知发展的心理学家。

婴幼儿的天赋

婴幼儿具有某种能力，能够使发生在他们周围的刺激变得有意义。这就是儿童与生俱来的天赋。

大人们不会去思考感知觉所产生的信息，因为我们所接收到的大量的感知觉信息是熟悉的、我们之前就已经接收过的。想一想那些新生儿，他们不具有成人所拥有的精准的视觉能力和听觉能力，但是他们仍然必须去看、去听，或许是第一次去感受他们周围的世界，他们仍然需要持续不断地努力探索陌生又不熟悉的形状、图案和飘浮在他们耳朵周边的声音。

皮亚杰针对两岁前的婴幼儿从尝试失败到逐渐取得成功的行为做了精确的观察研究和分析，这正是皮亚杰能够超越其他心理学家的原因。皮亚杰和维果茨基首先开始探索婴儿期的认知发展，随后布鲁纳进一步推动了他们的理论，斯米特（Smidt, 2011）也总结了这些年在婴幼儿方面所开展的有趣研究，并且丰富了前人的理论。像贝瑞·布拉泽尔顿新生儿评估量表（Berry Brazelton Neonatal Assessment Scale），克罗恩（Colwyn Trevarthen）对婴儿之间的交流、早期互动与情感的研究，和哈纳斯·帕普赛克（Hanus Papousek）关于婴幼儿的同伴互助工作等里程碑式的研究共同证实了我们的观点，婴幼儿比我们之前所认为的"更有能力，更主动，并且他们的思维和行为组织比我们认为的更有秩序"（Smidt, 2011, p.29）。

科尔（Patricia Kuhl），一位来自于华盛顿大学脑认知科学学院的发展神经心理学家，强调声明，在目前，一些最具颠覆性的关于脑科学的想法来自于对婴幼儿的研究。科尔和她的同事的一些吸引人的研究已经显示了，不到6个月大的婴儿已能够分辨出任何语言中的不同发音。因此，一个日本的婴儿能够轻松地分辨出/l/和/r/的区别，而一个日本的青少年或中年人却会感到非常困难。这就是婴儿所具有的天赋。值得一提的是，婴儿的这种天赋在他6个月之后将会快速而又显著地减弱。幸运的是，婴儿将会形成另外一种能力，他们开始更精通于自己本族语言的发音并逐渐达到一种平衡。这种曾经被皮亚杰所强调过的认知发展的顺序性，被这个发现再一次论证了。婴儿的一些天赋会在6个月这个有意义的年龄阶段出现，使他们能更好地分辨与胜任他们本土语言的语音。与此同时，他们会逐渐对不经常接触到的语音失去敏感性，并把它们排除在语言体系之外。多么聪明的天才孩子啊！

世界与我们大脑的通道

如高普尼克（Gopnik）等人所指出的，成年人都倾向于将外部世界所蕴含的道理视为理所当然——一般而言，并没有意识到"外部世界与大脑之间的连接方式是如何复杂而又难以捉摸"（Gopnik *et al.* 2001, p.62)。像高普尼克等人描述的一样，使一串新的感知信息有意义就像解决一个谜题一样。

我们的大脑获取感知信息，如我们的视网膜和耳膜接收到刺激模型，然后系统性地转化那些信息。大脑将这些信息重新编排和改变的方式，在某种程度上，和文字排版器改变和重整你所录入的文字符号序列一样。（当然，大脑的处理程序要比文字处理装置的编排工作复杂得多。）这个过程的结果是许多连贯而又复杂交错的信念，对魔术师而言，也是震惊且具有挑战性的。

在婴幼儿时期，外部世界的信息传递到大脑的方式建立在幼儿的感觉和动作行为所获取的信息上，而这些信息，将被大脑编码和转换。幼儿的大脑谨慎地、精确地挑选和处理这些感觉信息，筛选出他们需要获取的信息（May，2011）。

通过感知觉促进认知发展

皮亚杰强调婴幼儿应该通过感知觉行为来学习，是因为婴幼儿只能依赖于感知觉信息与外部世界保持联系。婴幼儿生而就有的感知觉系统对来自外界的刺激（如人们的声音、脸和笑声）非常敏感。在我们高度重视婴儿期感知觉学习方式的特点的前提下，我们将能更好地理解皮亚杰认知发展理论中，0—2岁时婴儿感知运动阶段的子阶段。

- 刚出生的婴儿的视力范围大约在20厘米至30厘米之间，这使婴儿仅仅在被喂食的时候能够清晰地看到妈妈的脸。
- 有研究表明，观察刚出生12个小时的婴儿，会发现他们花更多的时间注视妈妈的脸，而不是某个陌生人的脸。这种偏好行为经常在婴儿与妈妈分离一段时间后被发现，并且仅在婴儿注视了妈妈的脸一个小时后，这种偏好行为才变得明显。时间越久，区别越显著。

● 婴儿出生后的第一个月里，他们的观察图式变化得特别快。到婴儿2—3个月大时，他们的观察图式就发展得更像大孩子或成年人（Santrock，2011）。

● 婴儿喜欢更加复杂且有纹路的模型，而不是简单或表面光滑的模型。原因在于婴儿喜欢对比这两种表面的明亮度和纹理，它表明了事物从哪里开始，将到哪里结束（Gopnik *et al.*，2001）。

为什么婴儿早期的感知觉能力对他们与这个世界的联系如此重要呢？这个简单的答案是，婴儿对周围环境中产生的感知信息做出的反应，例如，婴儿注视妈妈的眼睛，让照料者知道孩子正关注着她们，并被她们所吸引。当然，从照料者那里获得积极的反馈是提高婴儿安全感和舒适感的一个非常重要的条件。

通过运动促进认知发展

我们知道，在婴儿能够开始自主行动之前，他们的周围环境中就已经有非常多的运动存在。这些运动自然而然地影响着他们如何去看待和感受这个世界。对那些年幼的还不能够独自站立、不能爬行或走到某一物体处的婴儿来说，运动是获取知识的重要来源。婴儿将很快地形成这些独立运动的能力，或爬向一个有趣的玩具，或站立并去拿吸引他的那个物体。逐渐提高的运动能力使婴儿能够更加充分地去探索外部世界。婴幼儿能够更加准确地理解客观事物的特性。通过动作行为，婴幼儿能够更多地理解物体的形状和大小守恒概念。当我们转换看待周围环境的视角时，我们对该事物的认识也将随之改变。例如，当我们离一个物体越远时，我们所看到的这个物体将会变得更小。一个桌子的形状将会随着我们是坐在桌子上面或在桌子下面的角度而不同。婴幼儿就是通过爬行等运动去探索学习物体的形状和大小守恒概念的。你或许会好奇，这些信息是如何与皮亚杰关于婴幼儿头两年的认知发展理论相关联的。但是幸运的是，当我们继续关注皮亚杰感知运动阶段的理论细节时，就会明白其中的关联。

感知运动阶段的六个子阶段

皮亚杰感兴趣于探索婴幼儿是如何从偶然事件的世界中进入到另一个世界的。在这个世界中，婴幼儿会有意地去使某事情发生，以便增加他们对周围世界的因果理解。皮亚杰将这一发展过程分成了感知运动阶段中的六个子阶段。当我们学习这六个子阶段时，有两种行为模式值得注意。

- 婴幼儿将会不断丰富他们的图式去适应逐渐扩展的环境和经验。
- 在感知运动阶段的第二年，外部、物理世界里的行为正逐渐内化为表征符号。

> 克莱尔已经有2周大了。当妈妈轻轻抚摸她的脸颊时，克莱尔将她的头转到感觉传来的那个方向。当妈妈将自己的手指放在克莱尔的掌心时，克莱尔紧紧地将她的手指合拢，握住妈妈的手指。附近的滚轮洗衣机发出声音时，克莱尔吓了一跳，她朝着突发的嘈杂声方向扭过头去。

第一阶段　条件反射子阶段（0—1个月）：灵活的肌肉

婴幼儿从出生后到第四个星期之间处于感知运动阶段中的第一个子阶段。根据皮亚杰的理论，1个月大的婴儿大致上只具备条件反射行为。这个时期的婴幼儿也许会握住放在他手心中的手指，会对轻柔地抚摸他脸颊表现出更加明显的反应，如，紧紧地依偎在妈妈怀里，或眨眼睛（DeHart et al., 2004）。所有这些简单的反应性行为给逐渐灵活的感知运动图式的发展提供了可能性。

- 克莱尔能够对身体的刺激做出一些反应，如对抚摸脸颊做出反应，对声音的改变做出反应，或是抓住放在她手心的手指。

第二阶段　初级循环反应阶段（1—4个月）：看看我！

> 克莱尔正躺在她的婴儿床上。当妈妈逗她玩时，她盯着妈妈的脸。克莱尔反复地摇晃着她的手臂，并最终将自己的手放进了嘴里。在重复几次这个动作后，克莱尔最终将她的拇指放进了嘴里，并开始吮吸。

感知运动阶段中第二个子阶段的特点在于婴幼儿对自己的身体产生好奇心，并且开始用动作行为去探索它。最开始，婴幼儿做出的动作是偶然发生的，但是这个动作发生过几次后，婴幼儿开始有意地重复这些动作，并产生了令人高兴的结果。"初级"这个词的含义是婴幼儿只关注他们自己的行为和自己本身，并没有关注到外部世界。"循环"这个词表示行为被有意识地重复着。婴幼儿在感知运动阶段的第一个子阶段中的反射性反应，为此阶段中这些基本的循环反应做了铺垫。

- 克莱尔能够主动地通过她手臂的动作去探索她的世界，眼睛盯着脚，吮吸自己的拇指。

● 在此阶段中，克莱尔还没有开始去探索外部世界，仅仅只是关注着她自己的行为和她自身。

第三阶段　次级循环反应阶段（4—8个月）：小小主导者

> 克莱尔现在已经6个月了。她对看到的和听到的任何事情都充满了好奇。她紧紧地注视着房间的另一端，她的妈妈正在将衣服放进洗衣机中。克莱尔会盯着吸引她的小物体看。她能伸出手去抓住自己喜欢的小玩具，她抓住她的小鼓，然后"砰"的一声将拨浪鼓扣在台面上。当哥哥用一个新的玩具来引逗克莱尔，她会立即丢掉之前的玩具，去抓新的玩具。当一个物体从她手中掉下来，并且还在她的视线范围内时，她将会盯住物体坠落的地方。但是，当这个物体从她的视线中消失时，她会立刻用手和眼睛去寻找物体，不过，很快她就会对该物体失去兴趣。

冒险性行为、探索性行为将在这一个阶段中有所增加，并且婴幼儿与外部世界的联系开始变多。在这里，"次级"这个词所代表的含义是，现在克莱尔的动作行为是作用于外部世界的，而"循环"再一次代表了动作不断被重复的事实，"反应"代表了克莱尔会摇动拨浪鼓作为听到声音后的反应。在次级循环反应中，婴幼儿会主动地体验他们作用于外部世界的行为带来的影响。婴儿踢或者伸出腿去触碰一个运动的物体，进而产生了一阵"丁零"的声音。婴儿挥动手臂去触碰拨浪鼓，想要去重复发出那美妙的声音。感知运动阶段中，这一阶段与初级循环反应阶段最重要的不同之处在于，此阶段中婴儿的动作行为是作用于外部世界的物体和人的。这对婴儿来说是历史性的发展。在此阶段中，探索外部世界并使事物发生变化的乐趣，促使婴幼儿与他所能触碰到的任何事物进行互动。

- 克莱尔现在能对外部世界产生一些影响。
- 克莱尔正在学习将自己的行为和感觉结果配对。
- 在此阶段，婴幼儿能够识别出一些简单的模仿行为，例如，当克莱尔发出一阵"咯咯"声，她的哥哥模仿她，然后克莱尔会再发出"咯咯"声来回应。在此阶段，克莱尔的模仿能力受制于她所具备的行为表现能力，她还不具备模仿一个新的行为动作的能力。
- 虽然克莱尔能够使她的周围环境发生某一些变化，但是皮亚杰认为这些行为都是无意识的。
- 现在，克莱尔能够从单一的图式，如抓握图式，发展到组合图式，例如先抓到她的拨浪鼓，然后摇动它。

第四阶段 协调图式阶段（8—12个月）：计划冒险

> 克莱尔现在10个月大，在日托中心已经有2个月了。她被自己周围的五颜六色的玩具和其他物体所吸引。她最喜欢的音乐书被搁置在房间中央，被一个软垫子遮住了一半。琳达是她的主要看护者，看着克莱尔在房间里巡视了一会儿后，最终发现了她最爱的音乐书，并朝它爬过去。"克莱尔，我的好女孩！你就要拿你的书哦。"克莱尔高兴地笑着来到她的音乐书面前，将软垫子推开，拿到了她的音乐书，并立即按压发出声音的按钮，听音乐书中发出的音乐。

当婴幼儿能够将以前的动作行为联合起来时，他们的冒险和探索性行为将会变得更加有目的性，从而提高他们的能力，进而对周围的环境产生一些影响。在这个阶段，克莱尔开始完成一个指定目标所需要的一系列组合动作，这就是皮亚杰所称的平衡图式。目标导向是一个复杂的术语，表明这个阶段的婴幼儿动作具有了明确的目标。在这个阶段，皮亚杰认为，对婴幼儿来说，发展的关键性标志是行为具有了目的性，他们会开始为达成某一目标而做出详细的计划。克莱尔现在已经具备了对她将发生的行为造成的后果的一种预判能力，并且她的动作行为已经具备了目的性。在第四阶段中，婴幼儿获得了里程碑式的发展，其中一个典型的代表性行为就是喂自己，这需要协调不少的动作和行为才能很好地达到目的。皮亚杰认为8—12个月大的孩子已经获得了客体永久性，即当物体消失在眼前时，仍然认为该物体是存在的。

- 克莱尔会积极主动地通过感知觉和行动去探索。
- 克莱尔现在能预判自己的行为所能产生的后果，并能够有目的地去执行。
- 克莱尔能够更有效地去协调她的行为，以至于她能够联合一系列的动作行为去达成某一目标。
- 克莱尔正在学习如何通过自己的行动去解决问题。例如，试图将某些障碍物推开，去得到自己想要的物体。

第五阶段　第三级循环反应阶段（12—18个月）：努力尝试和试错

克莱尔15个月大了。她正在日托班的"兴趣角"玩耍。这里有各种各样有趣的物体——柔软的丝绒，五颜六色的材料，卷曲的、容易破裂的纸片，沙盒，装着贝壳的盆，大大小小柔软的动物玩具，还有音乐书，按下按钮时可以发出很大的或轻柔的声音。墙上的镜子反射着物体的颜色和

> 形状。现在，克莱尔正在被贝壳从高处倒下来的方式所吸引。她站起来去观察当贝壳从高处倒下来时发生了什么。她发现了在贝壳落在地上之前，它们会先散开。相对而言，当克莱尔把沙子从高处倾泻下来时，沙子只在地面上安静地撒开。

经过了初级阶段和次级阶段的循环反应后，当婴幼儿的某些动作行为会偶然引发一些有趣的感知觉结果时，他们开始有意识地重复这些动作。处于这一阶段的婴幼儿不是简单地去重复自己的行为，而是会不断地改变自己的行为方式，去探索可能产生的后果。如克莱尔会改变将贝壳从高处倒下来的方式。起初她是坐在地上，然后站起来从另一个高度倾倒。"小科学家们"正不断地、极力地去探索他们所接触到的物体的新信息。克莱尔已经获得了早期解决问题的能力，这能帮助她去适应自己周围的环境，同时也能帮她同化之前不断变化的图式。这些试误的变化使她发现新的因果关系。我们发现克莱尔能够通过自己的认知和学习，更好地控制自己的行为。克莱尔的每一次努力尝试和失败体验的行为所带来的反馈，反映了她对周围环境的理解在不断地丰富。

- 克莱尔不再是仅仅重复她的动作，而是不断地改变自己的行为去探索有关事物的更多信息。
- 克莱尔对某一物体保持兴趣的时间变得更长了，这使得她能够产生更多的行为去探索。
- 克莱尔对她周围物体的特性越来越了解，例如，当一个坚硬的物体落在某一坚硬的表面上时，会发出很大的声音，而软的东西会静静地落在地面上。
- 克莱尔正在学习新的问题解决方式，她学会去探索对她有帮助的新动作，而不是重复之前阶段里的动作。

第六阶段　表征思维的开端（18—24个月）：积累经验

> 克莱尔已经快两岁了。朱迪已经为孩子们在这个房间里设置了一些感知觉活动游戏，不少孩子要比克莱尔小几个月。克莱尔正在开心地玩橡皮泥，她抓住橡皮泥拉伸它，将它扔在桌子上挤压它，并聚精会神地捏出各种形状。克莱尔的玩伴们盯着橡皮泥看了很长时间，并用手指去拨弄它。一些小朋友们正高兴地将橡皮泥分成小块，然后扔在地上。另外一些小朋友在探索橡皮泥的味道，用皮肤感觉它，把它放在头发里。克莱尔正在把她的橡皮泥捏出一个球的形状。突然，克莱尔伸出手让朱迪看她的橡皮泥球，并且笑着说："面包包。"

克莱尔用橡皮泥表征面包的能力表明了她现在能够并且喜欢用符号去与人交流，这种能力的获得是语言能力出现的前提。与年龄比较小的专注于玩橡皮泥时带来的身体感知触觉的孩子相比，克莱尔在大脑中内化并表征这个物理世界，反过来，她也能够利用这个心理表征捏出一个"橡皮泥面包"。皮亚杰把感知运动阶段最后的这一个阶段描述为从感知运动阶段发展过渡到符号或表征思维阶段的开始，即能用一种事物代替另一种事物、一种物体表征另一种物体的能力。从此，婴幼儿开始习惯融于这样的模拟世界中，盒子变成了汽车，积木变成了放在耳朵边自言自语打电话的智能手机，玩偶娃娃被假装能用勺子来喂食和喝汤。婴幼儿的象征性思维能够使他们在社会性戏剧扮演活动中去扮演任何他们想成为的角色。克莱尔现在已经具备了皮亚杰所总结的延迟模仿的能力。她的模仿不再依赖于某个动作的出现，而是以某种方式获得了储存某种行为记忆的能力，并且在之后某个时刻通过自己的行为再现。最主要的改变是克莱尔现在能够主观地在心理层面上去表征某一影像。皮亚杰认为婴幼儿是在最后的子阶段中完全获得客体永久性这个概念的，这使得他们能够在正确的地点找寻到隐藏的物体。

- 克莱尔现在能在心理层面上表征和存储信息。
- 克莱尔能够更好地计划如何解决问题，因为她能够将物体和人符号化了。
- 由于之前观察到的信息被储存起来，必要时可以再现，模仿行为日益明显。

对婴幼儿来说，从这一阶段起，最有趣的发展之一就是他们参与和探索角色扮演。梅（May，2011）描述婴幼儿能够在给婴儿洗澡和驾驶火车的角色扮演中维持很长的对话，这些经验是如此吸引人和有意义的原因在于，它们能够使婴幼儿预演超出他们实际生活中力所能及的角色，这在情景扮演的世界中能够很容易地做到。

客体永久性——看不见，想不到

> 也许婴幼儿所体验的周围环境就像一个无意识的梦境，在其中出现的物体最简单的性能也能使他感到惊讶。哇！他们疑惑，当他们闭上眼睛时，这些东西将会去哪儿？
>
> （PsyBlog，2008，n）

皮亚杰是第一个提出婴幼儿具有客体永久性这个概念的心理学家。这是在婴幼儿感知运动阶段最后一个子阶段中的里程碑。客体永久性这一概念告诉我们，婴幼儿理解一个物体从眼前消失后依然存在。皮亚杰（1954）认为客体永久性的概念是在婴幼儿8—18个月之间逐渐形成的，并且在这期间，婴幼儿会发展出对这一概念的理解方式。

然而，最近的很多研究，尤其是雷尼·拜爱宗（Renee Baillargeon）和她的同事所做的研究，表明了婴幼儿在3个半月甚至是更小的时候就已经获得了客体永久性概念（Baillargeon et al., 2011）。一些对皮亚杰探索客体永久性实验的批判在于，反对皮亚杰对客体永久性的获得必须伴随运动行为的出现这一观点，因为小婴儿不具备一些运动活动的能力。也就是说，如果一个小婴儿已经能够爬行或者能伸手去探寻某一物体时，他也许能够更快地去重新找到某一物体，并且对客体永久性概念有更好的理解。

因此，后人以皮亚杰探索客体永久性的实验为依据，并不断地加以改进，最终发现婴幼儿运动活动能力的缺乏阻碍了他们对已获得的客体永久性概念的表达。在此章节中，我们仅仅需要知道皮亚杰认为客体永久性概念的获得是逐渐形成的，在之后的章节中，我们将会探讨客体永久性概念对婴幼儿的意义。这一概念的获得将影响婴幼儿从心理层面上表征客体事物和人，以及将这些图像储存在记忆中的能力。根据婴幼儿对父母、兄弟姐妹和照料者产生的依恋，以及他们逐渐形成的安全信念（当他们的父母不出现在眼前时，他们仍然相信父母会回来），可以很有趣地证明上文有关客体永久性概念的发展。

感知运动阶段的更新

我们知道学界存在很多对皮亚杰关于儿童能力的看法的批判和质疑。皮亚杰非常谨慎地进行观察，除非他能凭借自己对儿童进行的实证研究，明确证明他们已经具备某种能力，否则他不会认为他们获得了什么能力。然而，正如我们将会在之后的章节中所看见的那样，皮亚杰总结出的一些有关评定儿童认知能力的实验被证明过于复杂，并且常常与儿童的经验没有明确的关联。例如，如上文所述，探索客体永久性概念是否获得的实验，并没有考虑儿童是否具备移动和伸手探寻物体的能力。为了更进一步探索皮亚杰在他的认知发展研究实验中提出的结论，科学家开展了更多的研究。皮亚杰感知运动阶段中的研究有三个部分已经被更新，下面我们将重点对这三点展开论述。

客体永久性

如上文所述，科学家已经开展了大量的重复性实验探索婴幼儿究竟在什么时候开始获得客体永久性概念。我们将保留在这一领域中最近的研究和讨论，其中一些研究已经对皮亚杰的观点提出了质疑，并声称婴幼儿在他们出生后的几个月时间内就获得了客体永久性概念。

有意识的思考与行为

我们知道，皮亚杰认为只有在感知运动阶段的最后一个子阶段，婴幼儿才会以某一方式计划他们的行为活动，这一行为将证明他们已经形成了心理表征能力。在20世纪80年代，威利茨做了一些有趣的实验，证明了婴幼儿在他们9个月大的时候就具备了心理表征能力，并能依靠这一能力去计划自己的行为活动。实验中，威利茨在婴儿面前（伸手拿不到的距离）摆放了一个非常吸引他们的玩具。我们之前就已经说到，心理学家是残忍的。然而，对这些婴儿来说，幸运的是，这个吸引人的玩具被放在一块布上（因此婴儿能够拉动这块布使玩具离他更近）。不幸的是，残忍的心理学家接下来在婴儿和那块布之间放了一个很轻的障碍物。这个实验的结果十分令人惊讶，这些才9个月大的婴儿为了达到他们的目标，能够去整合行为活动的顺序。这些婴儿首先移开了障碍物，然后通过拉动布拿到玩具。婴儿的天赋再一次被证明了。威利茨在1989年时做了进一步的证明，这些9个月大的婴儿不仅能够整合行为活动的顺序去完成自己的目标，而且在他们第一次遭遇这种问题时，就能这样做。这个实验证明了9个月大的婴儿具备了对外部世界的心理表征能力，并且能够利用这一能力，而不仅仅是靠试误经验去指导他们通过系统性的动作完成目标。

延迟模仿

皮亚杰认为婴儿在出生几个月后，就能模仿他们所看见的某些行为——例如，如果照料者对他们微笑或对他们做鬼脸，婴儿就想去模仿。然而，根据皮亚杰的理论，婴儿只能模仿那些出现在他们面前并引起他们注意的行为——比如，照料者突然伸出舌头。在皮亚杰看来，婴儿的模仿行为是基于他们先对一些特殊的行为进行了心理表征并加以存储，然后在很久之后才表现出来。1994年，在迈尔左夫和摩尔（Meltzoff & Moore）进行的婴儿研究中，6周大的婴儿需要面对父母的不同表情。在这个实验中，有些母亲对着婴儿伸出舌头，而有些母亲则面无表情地看着婴儿。第二天，所有的婴儿都再一次见到了同样的成人，但是这一次成人做了一个沮丧的表情。已经看到过成人吐舌头的孩子对比那些没有见过类似行为的婴儿而言，更有可能在第二次模仿他们所见到的成人的表情。迈尔左夫和摩尔（Meltzoff & Moore, 1994）认为，如果这些婴儿模仿的是他们上一次所见到的成人的行为，那么就可以确定，孩子们获得存储心理表征符号的能力要比皮亚杰认为的早一些。

对于教育实践的意义

我们可以从皮亚杰的子阶段论述中得知，婴儿出生时便具有一定的能力，并且这个能力在婴幼儿时期稳步增长。尽管有关皮亚杰对婴幼儿获得某些能力的年龄阶段的观点已经被改进，但是，他所提供的儿童心理发展中里程碑式发展的详细论述，如客体永久性、有意识的行为、心理表征能力和象征性思维，仍有助于指导儿童教育者去促进并维持儿童在婴幼儿时期出现的这些能力。接下来，我们将会细述皮亚杰认知发展理论的某些意义，以及感知运动阶段中各子阶段发展细节的意义。在实践中，我们将会关注于儿童教育者怎样设计一个安全并舒适的环境。

（1）在感知运动阶段中，皮亚杰非常强调婴幼儿在他们刚出生后的前两年中通过感觉和动作去学习。在这个阶段中，给婴幼儿创造视觉和听觉上的刺激，将会激起他们进一步探索周围世界的动机和欲望。在保证安全的前提下，感知运动阶段十分强调婴幼儿爬行与行走的空间的重要性。布拉德福（Bradford）在2012年时，对如何创设婴幼儿在日托中心的适宜性环境提出了深刻的见解。她强调了为婴幼儿提供包括一些特殊区角在内的隔离区进行探索的重要性。在婴幼儿与环境发生相互作用的过程中，通过试误的方法去进行探索性学习的重要性也被皮亚杰在感知运动阶段的发展中置于显著位置。8个月之后的婴幼儿往往通过拨弄某些物体（如让物体下落，击打硬的或软的物体，使物体发出声音，或改变物体的形状等）来增加他们对世界的认知和理解。梅（May）在2011年时，提出可以鼓励婴幼儿去观察一些有趣的事物，如钟表"嘀嗒"的声音，观察一朵花盛开，或看一片羽毛慢慢飘落到地面。布拉德福（Bradford）在2012年概括的观点与皮亚杰感知运动阶段的子阶段表述一致。

● 一个活跃的活动区能够满足婴幼儿各方面活动的需求，从让婴幼儿躺在游戏垫上、踢或拉扯游戏垫开始，到学会每个动作的第一步，如坐着、站着、走动、将物体从一个地方推到或移动到另一个地方。

● 在操作游戏区，能够为婴幼儿提供各种机会，如探索和发现事情是怎样发生的，怎样去努力做一件事情，以及怎样去解决一个简单的问题。

● 好奇/感官区支持并且促进婴幼儿发现、探索、触摸和体验一个更广泛的物质世界的需求。

（2）当和非常小的婴儿在一起活动时，交流与互动的重要性不言而喻。就像皮亚杰所描述的，几个月大的婴儿天生就会自发地被周围世界所吸引，想要去探索所有事物的特性，特别是当他们进入次级循环反应阶段（皮亚杰感知运动阶段中第三个子阶段）时。然而，交流从婴儿一出生就开始了，儿童教育者将会通过细致地聆听每个婴儿发出的声音、观察他们的动作来获取有效信息，去发现每个婴儿的独特需求。当给婴儿喂食，或给他们更换衣服，抚慰他们平静地睡觉时，会有大量的与婴儿交谈和倾听他们的机会。保持眼神的交流，模仿婴儿的声音，并且鼓励婴儿发出更多的声音，是和感知运动阶段的婴儿有效互动的重心。

从第 8 个月起（协调图式阶段），婴儿开始展示出对所掌握的词汇的理解，并且会从儿童教育者对进行的各种活动的解释中受益。

临近感知运动阶段的末期，婴儿会开始发出更多的声音。随着语言能力的发展，他们的交流变得越来越多了。在婴儿的一日生活中，照料者会鼓励婴儿去参与活动，这样婴儿就能探索到环境中的不同区域，并帮助他们定义生活中所遇到的某些物体。

（3）一份来自加拿大的项目的有趣报告——对在私人看护中心的 5 名儿童（1 名 13 个月大的儿童，3 名学步儿童和 1 名学龄前儿童）这个小团体的研究——使我们深刻地意识到，感知运动世界能够为年幼的儿童带来纯粹、简单的快乐。"观察加拿大鹅"的活动项目是对生活在周边的湖水里的鹅进行长时间的观察学习。在后文中，布鲁尔（Brewer, 2010, np）捕捉到了处于感知运动阶段中的婴幼儿在户外活动中体验到的乐趣和惊喜，为这一活动的潜在好处提出了一个很好的例证。

这是一个纯粹的感官体验。我认为正是这些大自然的声音、风和阳光照射在水面上的波纹吸引着这些婴儿来到这里。当我还是个孩子的时候，大自然就是这样吸引着我的。对莉莉来说，观看鹅所带来的感官体验是愉悦的：从湖面吹来的风轻抚着她的脸，鸟儿的鸣叫，还有从眯起来的眼睛里看到的阳光。她非常喜欢鹅、海鸥和鸭子所发出的声音。我听见她发出像鹅的叫声。她发现这比模仿海鸥的声音更加有趣。在阳光下，当海鸥飞过她的头顶，鹅吵闹地在她的野餐桌周围发出刺耳的声音时，她就会开心地大笑起来。婴儿期是一个多么奇妙的阶段。她把面包捏在手里，喂自己吃，并没有与那些鹅做任何的分享，却很是享受这些鹅的陪伴。

(4) 根据皮亚杰的理论，婴儿在第四个子阶段（协调图式阶段）中开始具备了有意识的、有目的的行为。在确保安全的环境中，为婴儿提供一个通过他们的自主意识去克服困难的机会，能够促进这类行为的发展。布拉德福（Bradford）提供了一个10个月大的鲁比是如何在照料者支持下克服阻碍，拿到她在椅子上的泰迪熊的例证。

鲁比的主要照料者是可以为她拿到这个泰迪熊的。或者，照料者扶着鲁比行走的同时帮她举起双手，鲁比也有可能拿到泰迪熊。在这样的方式下，鲁比的主要照料者为她提供了支架式的帮助。鲁比的主要照料者艾玛一边陪着她行走，一边和她说道："让我们去取你的泰迪熊吧。艾玛会和你一起走过去，让我们一起慢慢地走过去吧……"

（Bradford, 2012, p.21）

（5）在早期儿童的认知发展中，象征性思维是最具有深远性意义的发展之一。如梅（May，2011，p.157）的观点所指，儿童需要外部的、明显的提醒去帮助他们理解正在思考的问题。

> 儿童需要外部的支持或概念图，如，当他们学习计算时，需要像计算器一样的学具；当他们学习阅读时，需要视觉搜索能力；在水流方向的概念被确定无疑地建立之前，需要进行大量的倒水练习。因此，在儿童早期的每个活动区域中，我们将会看到有助于儿童学习的机会。在一个长时间段中，它们将是实用性的、具有进步意义的，所以，儿童能够去回顾并且练习他们将要学习的事情。

（6）皮亚杰在他的理论中谈论的是人类发展的普遍性阶段。为了指导婴儿的认知发展，专注地去观察每一个独特个体的能力是非常有必要的。当有大量的婴儿需要被照顾和注意时，这将会变成非常有挑战性的工作。宝藏篮里放着婴儿能够取到的有趣物品，让他们去探索这些物品各种各样的属性。显然，宝藏篮对于年幼的婴儿来讲是一种适宜的学习资源。然而，更加重要的是，婴儿能够拥有探索周围世界的原始动力，并且能够容易地接触到房间中的日常物体。

注释

本章对客体永久性概念进行了简明扼要的讲解，并将在第五章中进行细致全面的阐述。

CHAPTER FIVE
Object permanence

第五章
客体永久性

— 看不见,想不到? —

各年龄阶段的儿童都会被身边的物体所吸引。这可以使最小的孩子萌生好奇心,这也是大孩子产生科学性探究的兴趣来源。玛丽·简·德拉蒙德(Mary Jane Drummond)非常细致地观察了一名4岁的小女孩,解释了这些过程到底是如何发生的。

一名4岁的小女孩正在观察桌子上凌乱摆放着的贝壳、岩石和鹅卵石,以及不同形状和大小的放大镜。她选择了一块大的螺旋形的贝壳,并仔细地检查它。一开始,她用肉眼观察,然后用不同的放大镜进行观察。她用了不同大小的放大镜,并且将放大镜来来回回地在物体上移动,以便找到最清晰的放大图像。她弯下腰，将自己的脸正对着放大镜，试着在她的眼睛、放大镜和贝壳之间找出最佳的观察位置。然后她把这块贝壳放在桌子上，放在一个由三脚架固定住的放大镜的下面；她俯身在三脚架上，仔细观察这块贝壳，上下移动她的头，直到她观察清楚了这块贝壳并为此感到满意。她又拿起了贝壳，轮流将它放在左右耳边听里面的声音。然后，她将这块贝壳放回桌子上，放在三脚架下面，并且再一次俯身观察，将她的耳朵靠近这个放大镜，好像透过放大镜她可以更清楚地听到里面发出的声音。

(Drummond, 2010, p.37)

这个小女孩如此细致地探索这块贝壳的各个细节，提供了一个有趣的例证：理解客观物体的独特性质，发现它存在于这个世界的意义，是一件多么重要的事情。对4岁大的孩子来说，她已经具备了许多能力去帮助她探索这些特性，如发现并挑选出一块特别的贝壳，翻动它以便更清晰地观察它的特征；她知道了俯身去观察这个物体会使她更加清楚地看到和听到这块贝壳的特征；并且她学到了用放大镜观察物体会更加清晰。她还不知道的是，放大镜不会使她更加清晰地听到贝壳里面的声音，但是，毫无疑问的是，随着多次的实验她会明白这个道理。事实上，这个观察使人们想起了皮亚杰细致入微地观察自己的孩子的细节，同时也使我们想到了皮亚杰将儿童比喻成"小科学家"。

皮亚杰认为，与这个4岁的小女孩相比，处于感知运动阶段的婴儿还不能够意识到物体的存在，除非这些物体就在他们的眼前。在本章，我们将关注并探究婴儿是如何获得客体永久性概念的，即当物体从眼前消失时，婴儿能明白它们仍然存在。

- 客体永久性概念是皮亚杰提出的，指儿童能够明白当一个物体不在眼前时，这个物体仍然是存在的，即使儿童感知不到物体的存在。

因此，我们的关注点仍然放在处于感知运动阶段的婴儿上。我们从第四章提到的皮亚杰的认知发展理论中得到有关客体永久性概念的关键信息如下。

- 处于感知运动阶段的婴儿（0—2岁）的世界很大程度上存在于当下，即他们生存在一个主要通过动作行为和知觉反馈促进学习和发展的世界。

- 对处于感知运动阶段的婴儿来说，直到八九个月大时，如果一个物体从眼前消失了，他们似乎并没有进一步的能力去理解物体还存在。

皮亚杰之后，人们一直在进行多项研究去进一步检验和更新关于婴儿何时、如何理解客体永久性概念的知识。我们也要总结最新的一些有关婴儿是如何认识物体的研究，以及这些研究的意义。为什么客体永久性概念对儿童来说这么重要？对教师来说，和儿童一起工作有什么特殊的意义？我们尝试用某些儿童早期的真实经历进行例证。最后，我们将做一个总结，反思那些关于客体永久性概念的研究是如何支持并有助于婴儿和学步儿在早期教育环境中的发展的。

为什么我们对探究婴儿期的客体永久性概念如此有兴趣？客体永久性概念的获得能揭示该年龄阶段的婴儿其他方面的能力吗？在皮亚杰关于婴幼儿的认知发展理论的描述中，客体永久性概念处于一个非常重要的地位。的确，有时候客体永久性概念的获得被视为1岁婴儿的一项主要成就，因为理解事物独立、永恒存在的特性，对于生活各方面都是至关重要的。获得这个意识的某些意义如下。

- 客体永久性概念的重要性对儿童来说远远不只是知道这个物体仍然存在，这暗示着一种在心理表征某些物体或人物的能力，并且能够在需要的时候去提取和召回这些心理表征符号。

- 如果儿童能够表征某一个物体，很有可能他们也能够表征某人，特别是那些在他们的生活中具有特殊意义的人。
- 当儿童能够理解并且储存这个概念，即当一个物体或人不再出现在眼前时他们仍然存在，对儿童来说，他们就掌握了必要的工具去处理类似于计划或预测等心理活动。

客体包括人、植物、动物或者仅仅只是"东西"，如高普尼克等人（Gopnik et al., 2001）所指出的那样。这些研究者们进一步强调，我们把自己所具有的感知和理解客观物体的能力视作理所当然的。为了证明我们把关于客观物体的知识及其性能这件事看作"理所当然"，他们采用了许多像我们在魔术秀中看过的奇特的、甚至是不可能的事件作为例证。

> 魔术师可以将物体从一个地方移到另一个地方，而不用穿过彼此之间的空间。一只在盒子里的小白兔现在突然间到了帽子顶端。他们使这些物体看起来像从一个变成了两个：一个银色圈在我们眼前突然间变成了两个银色圈。他们能够使物体看起来像在相隔着一段距离时也能相互影响：魔术师挥动他的魔术棒，在舞台另一端的盒子就会随之来回摆动。他们将物体从一种状态转变成另一种状态：水突然间变成了橙汁。他们甚至将无生命的物体变成了活的物体：他们将一条丝绸围巾变成了一只鸽子。
>
> （Gopnik et al., 2001, p.61）

实际上，大多数建立在皮亚杰最初客体永久性实验之上的研究，已经借鉴了一些我们看过的魔术表演中的怪异事件，以便观察婴儿是否明白现实生活中的规则与期望是相互违背的，或者会以某种方式发生冲突。明白物体是永恒存在的，获得观察物体精确特征和性能的洞察力，被视为儿童早期生活中一个里程碑式的发展（Bancroft & Flynn, 2005）。表征物体的能力，无论是表征玩具火车或者人，都是一项至关重要的能力，它使我们能够对这个世界进行心理表征，然后推断周围环境的合理性（Bancroft & Flynn, 2005）。

当我们和学前教育的学生一起研究皮亚杰理论时，我们要求研究者观察处于感知运动阶段的儿童在早教环境里与物体之间的互动行为，并记录与客体永恒意识问题相关的情境。

> 在与塔尼娅（22个月）玩小球时，我将这些球藏起来，让它们消失在塔尼娅的视野中，然而塔尼娅仍然看向我藏球的地方想去寻找它们。每一次当我将球放在我的口袋或者藏在我的腿下时，她都会直接找到并高兴地拿出这些球。

> 在给莉齐（8个月）喂食时，她将汤勺扔在了地上。当我说"汤勺不见了"，莉齐会看着地板并且指着这个汤勺。然后我给了莉齐另一个干净的汤勺，但是她仍然看着地板上的这个汤勺。
>
> 当甘治的杯子被放进他的篮子时，他知道杯子仍然在那，因为他会走到篮子面前，并且等待自己的杯子被再一次地拿给他。

> 我正在来来回回地向莱恩（10个月）滚动一个球，当我将这个球藏在我的背后时，莱恩笑了，并且将他的手伸出来，因为他想让我再次将球推向他。

> 凯瑟琳（14个月）正靠着我坐在地板上。我正在日记本上写记录，凯瑟琳开始对我的笔记本产生了兴趣，并且从我手中拿过笔记本开始翻起来。过了一会儿，我将笔记本从她的手中拿过来。我跟她解释说我要将笔记本放好了。我将笔记本从她的视野中转移，几乎同时凯瑟琳将注意力转移到了其他玩具上。

与皮亚杰一起探索客体永久性

皮亚杰是如何探索这个领域的？在皮亚杰的大部分调查研究中，他的主要观察目标是自己的孩子。皮亚杰在他的小女儿杰奎琳身上探索并得出客体永久性的概念。

从对自己孩子的观察以及其他观察中，皮亚杰总结出，对婴儿来说，一旦物体从他们眼前消失，这些物体就不复存在了，即"看不见，想不到"！当杰奎琳的小鸭子玩具被藏在她的床单褶皱下面时，她立马对它失去了兴趣。

> 杰奎琳尝试着在她的棉被上去抓一只小鸭子玩具。当她几乎要抓到它时，身体摇晃了几下，然后这个玩具鸭子滑落在她的身后。这只小鸭子玩具滑落在离杰奎琳的手特别近的地方，但是被床单的褶皱盖住了。这一刻

> 杰奎琳的眼睛跟着转动着，甚至是跟随着伸出的手的方向看了过去。但是随着小鸭子玩具的消失，很快她就没有更多的眼神去关注了。杰奎琳没有去床单下寻找，事实上这个小鸭子玩具非常容易被发现（杰奎琳机械地把床单扭在一起，但丝毫没有在床单下寻找这个小鸭子玩具的意思）。但是，令人好奇的是，杰奎琳后来再次扭转身体动起来，就像她刚刚尝试去抓住那只小鸭子玩具时的样子，再次盯着这个棉被的上面。
>
> 然后，我三次将这只小鸭子玩具从盖住它的床单下面拿出来放到她的手边。每一次，她都尝试着去抓住这只小鸭子玩具，但是当她正要去抓住这只小鸭子玩具时，我很快地将这只小鸭子玩具非常明显地再次藏在了床单下。杰奎琳马上收回了她的手放弃了。第二次和第三次的时候，我想让她拉开床单去抓这只小鸭子玩具，她只是很简单地摇动了一下，并没有拉开床单。
>
> （Piaget，1955，pp.36-37）

为什么婴儿难以理解客体永久性？

至今为止，我们知道皮亚杰似乎喜欢用一些复杂的术语来描述他的想法。让我们来看看两个相对于客体永久性更加复杂的术语，这些术语是我们在后面的篇章中将经常用到的。

中心化（Centration）——中心化使年幼的儿童只能关注于某一事物的一个方面而忽视其他方面。

自我中心主义（Egocentrism）——在某种程度上，年幼的儿童只关注自己的世界，不能够站在别人的角度上思考问题。

试着想想，如果婴儿非常关注他们感知到的东西，以及他们是如何感知的，那么从某种意义上来说，这就表明了当他们不再看见某个物体时，他们会认为这个物体消失了（Oates *et al.*，2005）。

是什么帮助婴儿理解客体永久性？

通过本章的内容，我们将会再一次看到，婴儿逐渐出现并加强的能力（如移动、拿取、触摸、品、听、闻）使他们与周围的环境发生相互作用，帮助他们理解自己生活的环境的特性。因此皮亚杰认为，婴儿是通过不断地探索尝试，才逐渐理解当一个物体消失在他们的眼前时，这些物体仍然是存在的。在经历了多次随机实验、犯错和多种多样的经历之后，8个月或者9个月的婴儿才开始寻找消失的物体。

就像躲猫猫游戏一样。这是半岁以上的婴儿开始玩的一种典型的游戏。在这个游戏中，婴儿以一种有趣的方式学会某些人先躲起来然后再出现的行为组合（Robinson，2011，p.63）。研究者强调了婴幼儿的一系列有趣的行为，这些行为将影响着他们对客体永久性概念的理解。孩子们会开始寻找落下的物体，这种行为很少出现在小小孩的身上。一旦婴儿能够走动，就开始跟着他们的主要照料者，不论他们去哪里，也会跟随父母在房间里移动，想要去靠近这些熟悉的人。客体永久性概念与儿童的依恋行为和寻求亲密感相联系。就像鲁宾森（Robinson，2011）更进一步强调的那样，客体永久性意识的出现及其获得是永久性的，这些意识需要在日常活动中帮助婴幼儿建立和发展。

皮亚杰认为8到12个月大的婴儿才能获得客体永久性概念。婴儿到了这个年龄阶段后，就开始积极地去寻找那些被藏起来的玩具或是寻找相似的物体。更为重要的是，婴儿能够逐渐整合感知觉运动行为，并能够用心理表征消失在视野中的物体。整合好这些能力，能够帮助婴儿寻找消失在视野中的物体，并让婴儿明白只要自己一直寻找，就能找到消失的物体。

婴儿在将近7到8个月大时，开始逐渐形成一种明确的依恋状态，这是一种非常有意思的现象。换而言之，就是他们需要被关心，他们的安全感变得主要来自于某一个或两个依恋者的照料。我们将会在本章的结尾回溯这些问题，强调客体永久性概念的获得和儿童行为变化之间的更多联系，它们都和诸如"社会参照性"等技巧以及幼儿的共同注意力发展等密切相连。

更多的皮亚杰实验

皮亚杰的实验表明，这个年龄段的儿童去寻找物体并非是没有局限性的。当婴儿在其他地方找不到某个物体时，他们仍然会在最初发现这个物体的地方寻找，即使他们看到别人将这个物体藏在其他地方。这就是我们所说的"A非B错误"（A not B error）①。

在接下来的6个月中，婴儿学习找回被藏起来的物体，并且再也不会犯"A非B错误"。现在，婴儿学会了在大脑中表征这个物体，知道这个物体被藏在哪里，并且能够将这些认知和寻找、移动、拎起这个被藏起来的物体的动作行为很好地整合起来。皮亚杰对婴儿获得客体永久性概念的发现表明，婴儿的认知能力是不断发展的，这使得他们明白存在于这个世界中的物体的意义及特性。但是，从上文来看，婴儿对事物是如何出现与消失的，以及它们去了哪里，该如何找到它们的理解方式都不同于年长的孩子和成人。德哈特等人（DeHart et al., 2004）进行更进一步的研究，计划在更具挑战性的环境下测试儿童的客体永久性概念。

---

① 译者注："A非B错误"也称为皮亚杰的第四子阶段错误，或固着误差（perseverative error）。一个典型的A非B错误是这样的：实验者在婴儿能够到的A盒子下面藏一个好玩的玩具，婴儿在里面找到了玩具。这些行为重复若干次。接着，实验者把玩具移到B盒子下面去。尽管B盒子也在婴儿能够到的范围内，但10个月以下的婴儿仍然会持续到A盒子下面去寻找玩具，哪怕他们亲眼看见实验者把玩具藏在B盒子下面。

> 给婴儿一个小的物体或玩具，当他盯着物体看时，用你的手拿住这个物体，然后把你的手放在床单下，将这个物体留在床单下，最后收回你的手。婴儿将会在你的手中寻找这个物体，当他找不到物体时，他会变得非常沮丧，并开始随机寻找起来，最终也找不到这个物体。

因此，即使婴儿获得了客体永久性概念以及一些物体的许多关键性的特性后，他们可能还不会推论，一个在眼前消失的物体发生了什么事情。

来自于高普尼克（Gopnik）等人研究中的一小段摘录，用一种既不可思议又深刻的方式说明了这种情况。

> 对我们成年人来说，知道那些物体在床单下是轻而易举的事情，无论它们是怎样被藏在床单下面的。但是，这对于婴儿来说却并不是显而易见的事情，而是需要通过艰辛的学习才能明白。婴儿从出生开始，就生活在一个不断变化的魔术表演的世界中，物体似乎会毫无规律、没有原因地从一个地方移到另一个地方。想要弄明白这些到底是怎样发生的，对婴儿来说是他们当前阶段中最困难的智力发展挑战之一（Diamond, 1985）。
>
> （Gopnik, 2001, p.73）

母亲永久性和客体永久性

皮亚杰遭受了一些批判，因为他的研究被认为倾向于观察和试着理解那些与他所处环境中重要人物相隔离的儿童。皮亚杰将人的永久性意识作为参照，并且认为婴儿在理解客体永久性之前，更有可能去理解母亲永久性。之后的理论家将会继续检验对这个结论所做的复杂假设，但是有一些证据显示了客体永久性概念的获得要滞后于母亲永久性。最新的研究是在2001年，斯莱特（Slaughter）和博（Boh）探究7至14个月大的婴儿是否在获得客体永久性概念之前就具有了母亲永久性意识。以下是几条关于这个研究和结论的主要内容。

- 将被试婴儿安置在两个隔离的环境中，让他们去寻找藏在带有幕帘的桌子下面的妈妈和一个大的玩具。
- 研究者采用了一个延迟期——他们先阻止婴儿一段时间，再让他寻找被隐藏起来的物体。这段时间不断延长，以便评定被试婴儿会用多长时间来储备关于被藏起来的妈妈或玩具的记忆。
- 在婴儿成功找到物体之前记录他们最长的延迟期。
- 对17个婴儿的观察结果显示，婴儿在对某种物体进行持续心理表征的时间长度上存在显著差异；与寻找一个有趣的玩具相比，婴儿将更容易找到妈妈。

在我们继续更新皮亚杰关于客体永久性的相关理论之前，我们要停顿一下，花一点儿时间去回顾和思考这些能力对于早期儿童教育的日常活动的意义。

对于教育实践的意义

- 在与婴儿一起工作的专业人员看来，客体永久性概念的获得处于婴儿成长记忆中最早的认知发展阶段。躲猫猫和藏东西的游戏能够帮助婴儿练习形成这些概念，他们开始习惯于他们世界中的人们经常消失和出现的现象，并且知道那些离开的人们将会重新回来（Robinson, 2011）。
- 正如我们所看到的，在婴儿刚出生的头一年中，他们会逐渐变得更加熟练地去了解一个物体的综合特性，它们的性质和物理规律是相互联系的。婴儿能够在心里表征物理事件，并且每一个表征都建立在自己的理解和经验的基础之上。借助一些婴幼儿都喜欢的简单游戏，研究者能够支持婴幼儿在他的探索中与物体发生互动。这些游戏包括建造和击倒简单物体的堆叠物。研究者也能够示范抓住或者抛开不同的物体，然后产生不同的结果，如羽毛下落，将柔软的玩具摔下，或者是将坚硬的物体"砰"地摔在地上。

- 客体永久性概念的获得与婴儿行为的改变是相互联系的，与这个年龄阶段的婴儿学会某些非常有意义的技能同时出现。其中一个就是建立深切的依恋行为，当婴儿的生活变得更加稳定时，他们就开始挑选在他们的生活中比较有意义的人。当婴儿出现了对家庭中主要照料者的许多依恋行为时，教育者就该承担起一个重要的责任，去帮助婴儿建立安全感和舒适感，利用分享兴趣和关心为他们创造获得发展的机会。梅（May，2011）曾经为幼儿教育工作者提出了宝贵的建议，强调要关注10至11个月大的婴儿在父母或照料者离开时，他们表现出的痛苦状态的重要意义，因为这种逐渐形成的"在或不在这儿"的概念会引发婴儿的分离焦虑。

- 能够有助于培养客体永久性概念的有趣活动包括简单的躲猫猫游戏，将物体藏在其他物体下面然后拿出来，让婴儿将一个软瓶塞放进玻璃瓶子里面，即使这个软木塞不在他的手中，他也仍然能看到它。2012年，塔索尼（Tassoni）将这些游戏称为"包围游戏"，并且认为这些游戏有利于婴儿身体和认知的共同发展。

从行动到预期

20世纪80年代出现了大量的研究者，其中最著名的是伊利诺斯大学的雷尼·拜爱宗（Renee Baillargeon）教授，他们开始质疑过去用来调查婴儿是否意识到并获得客体永久性概念的一些方法是否得当。这些研究者提出的部分质疑如下。

（1）婴儿在皮亚杰客体永久性概念是否获得的测试中失败，其原因难道不可能是他们尚未获得某些动作行为（例如伸手去抓握物体）的能力吗？

（2）婴儿在皮亚杰客体永久性概念是否获得的测试中失败，其原因难道不可能是他们还不能计划和执行找到物体的必要行为吗？

（3）婴儿在皮亚杰客体永久性概念是否获得的测试中失败，其原因难道不可能是，虽然他们能够计划和执行找到物体必要的行为，但当他们在心理表征这个物体时，他们还不能同时执行这些行为吗？

换言之，是否是皮亚杰测试中所需要的行为要求，导致婴儿不能表达他们已经获得的客体永久性概念？更多近代的研究者认为，也许皮亚杰对婴儿的动作行为（伸出手并且找到物体）和心理表征（将物体的形象储存在记忆中）的结合能力做出了过高的要求。因此，研究者通过取消需要婴儿实际的身体运动去获得物体的测试，来降低对婴儿行动的要求。取而代之的是，研究者通过观察婴儿对不可能事件发生的惊讶态度，来确定他们是否获得了客体永久性概念。

继皮亚杰开始关注客体永久性概念后，拜爱宗（Baillargeon）等人在2011年总结了这个概念的三个广义阶段。

阶段1：关注点从探索婴幼儿的行为，例如找到某一物体，转移到婴幼儿对这个物体的期望。

阶段2：关注婴幼儿对物理事件发展的成功或失败模式的回应。

阶段3：最后阶段，也是正在进行中的阶段，着手去建立一个认知结构模型，使得这些认知性推理能够实现。

我们将会简单地探索这三个阶段，需要注意的是，在这个领域中，我们难以一一赘述已做出的研究的丰富与细节之处。让我们来看看第一阶段，强调的是婴儿对物体性质及其可能性的一种预期判断。一场魔术表演开始了！

魔术表演1：出乎意料（阶段1）

我们用"魔术表演"这个词指发生的某些事情是与物理规律相悖的。接下来请看两个小故事。

平常事件

一个玩具车正沿着斜坡向下滑，一个很大的固体障碍物挡在了道路中间。这个玩具车径直朝向障碍物前进，但是，因为这个玩具车不能通过这个障碍物，所以最终只能停在障碍物前面，结束了玩具车的旅程。

魔术表演

一个玩具车正沿着斜坡向下滑，一个很大的固体障碍物挡在了道路中间。这个玩具车径直朝向障碍物前进，然后消失在眼前，接着从障碍物的另一端出现，继续在斜坡上滑行。

一个固体物（玩具车）不能从另一个固体物（障碍物）中穿过去，除非魔术表演才能让它发生。在我们开始展示这场表演之前，让我们厘清一些事实，这将有助于我们去发现，当一个只有几个月大的婴儿目睹这一"魔术表演"发生时是否感到惊讶。

● 事实1：婴儿（与儿童和成人）会对那些陌生的、新奇的或者是不可能的（魔术）物体或事件产生更多的关注，而对熟悉的、可能性大的或意料中的事件关注得更少。

● 事实2：我们能够运用以上理论进行观察，我们将会根据婴儿对某一个事件的关注时间的长短来评价他是否认为这一事件是预料之外的、陌生的。这个实验被称为"反期望"测试。

玩具车能够穿过固体的障碍物违反了我们的预期，是我们期望看到的，婴儿也认为这是一件出乎意料的事件，并且能够对此现象产生更多的关注。

起初这些"魔法表演"是伊利诺斯大学的心理学教授雷尼·拜爱宗（Renee Baillargeon）发明设计的，她从事幼儿认知发展研究。拜爱宗的研究是建立在皮亚杰以及其他研究者的理论基础上的，她已经通过将物体隐藏起来的游戏对婴儿认识物体的性质进行了研究。她的发现证实皮亚杰低估了婴儿在这方面的实际能力。她在这个领域多年的研究实验包括了两条主要的结论。

（1）即使是两个半月大的婴儿都对物理性事件表现出了期待效应，我们将会在这一部分中探讨并解释这种现象。

（2）婴儿在出生后的一年内，对物理性事件的期望能力的发展是一个非常系统并能预测的行为。我们将会在接下来的章节中探讨并解释这种现象。

我们是怎样知道婴儿对他生活中的事物的特性产生了某种预期呢？在某种情况下，发生了一件预期中的事情；然而在另一种情况下，一件不可思议的事情发生了，婴儿对这两件事情给予的关注时长被记录下来，然后我们对其进行比较研究。以下就是这种研究实验中的一个有趣案例。

我们期待在婴儿对这些"魔术表演"的反应中发现惊奇的元素。虽然，他们不能够说出他们惊奇的感受，如"刚刚发生了什么?!!"，但是，如果婴儿察觉到这是个奇异的事件，我们将会注意他们对这件违反了物理规律的奇怪事件产生的关注时长。

> **• 消失的小火车(Bower et al., 1971) •**
>
> 　　将约两个月大的婴儿放置在一个位置，使他们能够看到一个玩具火车从一条长轨道的一端驶向另一端，这个玩具火车将会在轨道的中间穿过一个幕布而被遮挡住一段时间。实验中将会让玩具火车在幕布后面停止，随之记录下婴儿此刻的注意方向。当玩具火车停止在幕布后面的时候，如果这个婴儿不能够理解这个玩具火车仍然存在，那么这个婴儿将不会产生什么特定的注意力。然而，当玩具火车停止在幕布后面的时候，如果这个婴儿理解了这个玩具火车仍然存在，可以预测的是，他的目光将会沿着火车前进的方向望去，正如他期望这个火车能够从幕布后面出现。回顾皮亚杰的研究，这个结论是令人惊奇的。一旦这个火车消失在幕布后面，婴儿就开始朝剩下的轨道张望，期望火车没有停下，并驶向终点。仅仅两个月大的婴儿就会朝火车前进的方向张望，并且显示出了期望火车能够从幕布后面再次出现的表情。对这个操作程序稍作变动，儿童看见物体消失在幕布后，之后一个不同的物体出现在了轨道的另一端。在这种情况下，婴儿们的目光并没有安静地注视着再次出现的火车的方向，而是明显地被新物体的突然出现所打乱。

魔术表演2：一点点、一类类（阶段2）

　　因为发现了近两个月大的婴儿就能够区分出反常态的事件，研究者们备受鼓舞，接着进行了更加细致的探索研究。

　　（1）不同年龄段的婴儿是如何获得区分奇异事件发生的能力的。

　　（2）是否有某些类型的知识与不同种类的物体相互联系，它们的知识模型会是什么样的呢？

　　在这个研究中出现了许多有趣的现象。在简单回顾这些现象及其意义之前，让我们用一些时间来思考某些相关术语，以便我们更好地理解这些研究。我们采用了不同的方式去隐藏某个物体，并且涉及了以下这些术语的理解。

遮蔽（Occlusion）——指某个障碍物阻挡了你去看某些事物，例如，一个儿童将会被一堵墙挡住视线。

隔离（Containment）——某些物体消失是因为它被放进了其他物体中，例如，被放进一个盒子里。

覆盖（Covering）——某些物体消失是因为被放在它上面的其他物体遮住了，藏在毛巾下面的钥匙就是一个很好的例子。

研究者已经从实验中得出结论，在婴儿时期，婴儿分辨"魔术表演"的认知能力和对其结果产生的惊讶情绪是随着不同年龄段有规律地发展的。令人非常吃惊的是，这种能力的出现依赖于这类事件能够被婴儿心理表征的时间。无论一个物体是被某种幕布隐藏起来（遮蔽），或是被藏在一个盒子里（隔离），或是被某些物体压在了下面（覆盖），婴儿似乎会在不同时期以不同的顺序去理解这些事件的规律。

在同类型事件中的发展

首先让我们列举一些被称为遮蔽事件的案例。

- 当一只老鼠从 A 处移动到 B 处再到 C 处时突然消失不见了，一个两个半月的婴儿如成年人一样，会对此感到惊讶。（如图 5.1 所示）

但是，再来看看另一个"魔术表演"！老鼠穿过一个看起来会消失不见的空间的一边，又从这个空间的另一边出现。

- 两个半月大的婴儿不会对这一"魔术表演"感到惊讶，但是 3 个月大的婴儿会对此非常吃惊——但只有遮蔽物或隔离物体的上边缘（非下边缘）连接在一起时才发生这个情况。（如图 5.2 所示）

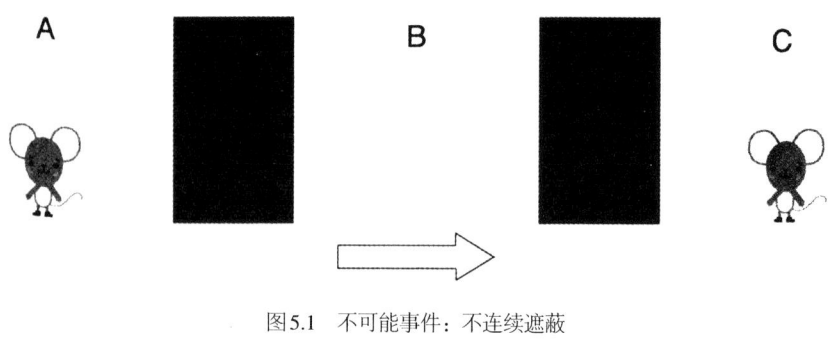

图5.1 不可能事件：不连续遮蔽

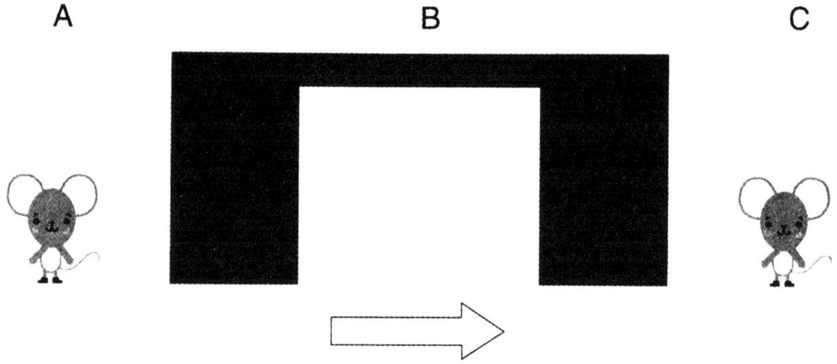

图5.2 不可能事件：遮蔽物在上边缘连接

- 当遮蔽物或隔离物体的下边缘连在一起时，三个半月大的婴儿也会对此实验现象感到惊讶。（如图5.3所示）

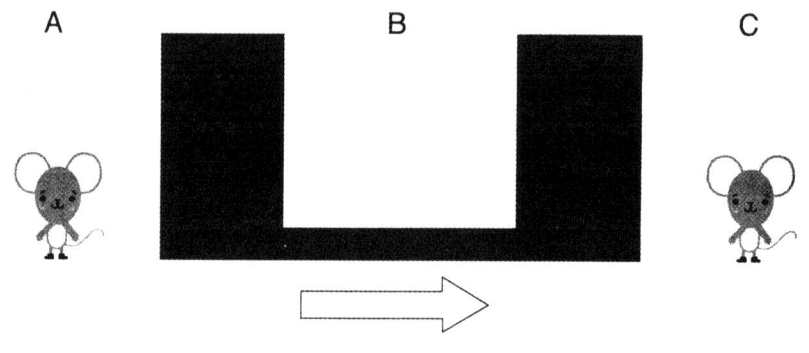

图5.3 不可能事件：遮蔽物在下边缘连接

这些奇怪的实验似乎是想告诉我们以下结论。

- 两个月大的婴儿就能够在心里表征这只老鼠（当这只老鼠被挡在柱子后面时，他们仍然知道老鼠是存在的）。
- 对物理规律的认知及其结果的期望似乎是逐渐建立起来的，因此，经过了几次训练后，婴儿能够注意到更多的细节信息（例如，高障碍物的相对高度，它们是否应被观察到，或者是它们不在一块短的遮光板后面）。

婴儿在长大过程中，会渐渐学到隐藏物体的知识及其自然物理规律。在这些实验中并没有产生很伟大的发现，但是非常值得提出来的一点是，皮亚杰认为婴儿在近1岁的时候才获得心理表征能力，然而，在这个实验中，当老鼠被隐藏在遮蔽物体的后面时，两个半月大的婴儿就已经能够在脑海中表征出老鼠这个物体。而且，他们还希望在两个遮蔽物体之间的空间里看到这只老鼠出现。他们期望看到老鼠再次出现的反应强度依赖于这两个遮蔽物体是上边缘相连还是下边缘相连！

与皮亚杰的图式系统一样，这一概念在经验中变得越来越复杂。拜爱宗（Baillargeon）和她的同事认为婴儿的"认知树"的发展依赖于他们所接触到的知识的分支。通过这些经验，他们找到了应该去观察规律的变化与细节的矢量，例如高度、宽度、透明度等等。

这些实验中最奇怪的发现之一就是，婴儿对物体高度和遮蔽物的认知发展看起来似乎要更早一些。例如，他们对隔离物高度的认知似乎比对顶部被遮掩起来的物体高度的认知要早一些。

在不同类别事件中的发展

研究者继续进行研究，想发现在不同的事件中，婴儿对物理规律的认知及其相关期望的发展是否不同。当婴儿看见一个高大的泰迪熊藏在一堵低矮的墙后面时，他们会表现出异常的反应吗？当他们看见一个高大的泰迪熊藏在一个封闭的容器内呢？这个假设是肯定的，婴儿似乎是在不同年龄阶段中意识到这些反常规现象的。其中的一些差异总结如下。

- 四个半月大的婴儿看到一个高大的物体藏在一个低矮的遮蔽物的后面时，他们会感到惊讶，但是直到婴儿7个月大时，他们才会对一个高大的物体藏在一个低矮的容器内的现象感到惊讶。

- 当婴儿12个月大时，他们才能够发觉一个高大的物体隐藏在一个短的覆盖物下面是一件反常的事情。

解释这些魔术事件（阶段3）

我们将总结最近几年婴儿对物理世界及其客观物体的推理方式的发现与研究，并使之不断完善。例如，我们如何理解低龄婴儿能够成功地注意到某些反常规事件，而更大一些的婴儿却不能识别其他类型反常规事件的原因。我们从皮亚杰的研究发现中了解到如下信息。

- 婴儿能区分事物的类别。
- 婴儿是根据事件范畴来分辨观察的方向和规律的。
- 婴儿在观察中发现了事物变化的规律，使他们能够预测发生的或不期望发生的事件。
- 婴儿不具备将某一事件中的信息迁移到另一事件中的能力。

拜爱宗（Baillargeon）和她的同事已经建立了一个模型，帮助我们去理解婴儿是如何认识物理世界中发生的一系列事情的。她将这个模型称为物理推理系统，这个系统用来监控事情的发生并解释它的结果。例如，当婴儿看到了某件事情，他们就会心理表征这件事情，随后利用心理表征去预测将要发生的事情。

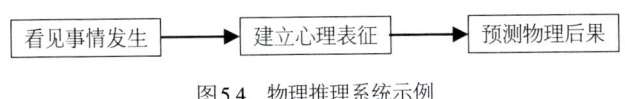

图5.4 物理推理系统示例

所有包含在这个物理表征系统中的信息将会服从婴儿的核心原则，并且这些核心原则是他们与生俱来的。也就是说，婴儿一出生就明白了这些原理（Baillargeon et al., 2011）。

在婴儿刚出生的几周内，婴儿的物理表征能力局限于基本的空间意识和短暂性的知识。所以，婴儿也许能够理解一个放在容器里的物体会消失在视线中，但是他们所具有的表征能力还不能够明白这件事情的实质和许多细节。婴儿还不能理解物体与遮挡物和容器的相对高度和宽度等方面的细节，这也解释了上面提出的某些研究发现。

在我们对本章进行总结时，先来总结拜爱宗（Baillargeon）提出的婴儿的物理推理系统的主要原理。

（1）年龄非常小的婴儿能够理解事物发生的简单的连续性变化，例如，将一块遮盖物放在某一物体上面，这个物体就会消失在视野中。将这个遮盖物从物体上拿掉，物体就又会出现。婴儿很早就能够发现这些简单的持续性变化，因为这些变化仅仅包含了婴儿表征事件所需的简单信息。

（2）只有年龄大一些的婴儿能够在不同类别的事件中分辨出主要的相对变化之后，他们才能理解那些变化的持续性异常事件。例如，物体与遮挡物的相对高度、物体与容器之间的相对宽度等。

对于教育实践的意义

我们已经对能力不断增长的感知运动阶段的婴儿获得客体永久性概念的实际意义做了一些总结。从皮亚杰的研究开始，我们已经知道了有相当多的研究在继续探索客体永久性概念。这些研究发现，婴儿获得表征物体的能力比皮亚杰认为的阶段要早得多。下面我们将会揭示婴儿获得的客体永久性概念给他们的生活带来的更多的实际性意义。

● 近期关于客体永久性概念的研究，再次强调了为婴儿提供"试误"学习机会的重要性。拜爱宗（Baillargeon）认为我们提醒婴儿注意事情的细节变化，就像是对着婴儿的耳朵说悄悄话一样。在一些有趣的活动和练习中，婴儿最初的物理表征系统将会被拓展。1岁的婴儿像个小科学家，他们会对物体进行系统的探索，并且会不断地变化他们操作物体的方式。当婴儿处于安全的监管环境下，并且拥有能够进行探索的资源时，他们的探索欲望将会被激发。

● 捉迷藏的游戏，包含了某些物体消失在视野中却仍然存在的意识，是一个非常有趣的分享型游戏，常常能将婴儿从玩玩具的状态以及对照料者的依赖中吸引过来。通过这些简单的过程，婴儿将会形成情绪与概念学习的连接关系。

● 照料者通过鼓励婴儿对物体进行"共同关注"，激发婴儿对物体进行探索的欲望，促进婴儿对客体永久性概念的理解。随着婴儿对客体的特性、类别属性以及永恒存在等了解的越来越多，他们已经获得了共享型和连接型的思维。这种新能力使婴儿能够与他人分享对某一事物的不同反应，有助于他们与世界产生更广泛的联系，并且拥有更强烈的保持独立性的意识。

● 斯米特（Smidt）在2011年对布鲁纳（Bruner）提出的"突出对象"的概念产生了关注。有两种类型的事件能够引起婴儿的注意力，一种是拿起某种物体并发出很大的声音。例如，"看一看这个漂亮的泰迪小熊！"另一种是，成人拿起婴儿正注意的物体，并把它放在他们两人之间，大声谈论这个物体，引起婴儿对这个物体的注意并使之对它产生兴趣。

CHAPTER SIX
The preoperational world

第六章
前运算阶段的世界

— 符号功能子阶段 —

2岁的儿童可以"试图透过事物表面的特征来确定控制事物运行的深层次规律"(Gopnik *et al.*, 2001, p83)。在感知运算阶段,我们可以看到儿童觉得"魔术表演"很有趣,然后会更长时间地注视这样的"魔术表演"。然而,处于前运算阶段的儿童试图为这种"魔术表演"寻找更加符合逻辑的解释:这种事情为什么会发生?它们是如何发生的?他们已经进入了对世界进行深层次解释的阶段,开始为发生在自己身边的"魔术表演"寻找具备逻辑性和合理性的答案。我们来比较一下处于感知运动阶段的儿童与年龄稍大的、处于前运算阶段的儿童之间在学习风格方面的差异。

> 李（1岁7个月）坐在日托中心的建构区，正在探索将小塑料积木块填进大塑料积木块的不同方法。"我们可以试一试这块蓝色的吗？李，我们能将这块蓝色的积木放进这边大一点的红色积木里吗？"他的主要辅导老师吉尔提议。李尝试将蓝色的积木塞进红色的积木里，而当蓝色积木塞进去后，李笑了，又拿起另一块积木。渐渐地，当他不断尝试与试错之后，他将新知识顺应到适合的图式中，即小的积木可以放进大积木里面。

李是处于感知阶段的儿童，他的学习主要通过操作具体的物品进行。操作和观察让他形成了小积木可以放进大积木里的认知，最终依据观察，他适应了放置物品的图式。

接下来的摘抄段落中涉及的儿童年龄在3—5岁之间，都是处于皮亚杰认知阶段理论中的前运算阶段。斯宾塞和豪（Spencer & Hall，2010）记录了一个项目的调查结果，这个项目是关于一个水下环境的调查。儿童齐心协力进行调查，并且做了关于水下环境的报告。在这篇摘录里，儿童正在讨论如何设计美人鱼服装的尾巴。

奥利维亚：如果我们发明直的东西，那样我们就可以走路了吗？

教师：美人鱼会走路吗？

小组：不会！

教师：那美人鱼怎么移动呢？

玛丽：她们会游泳。

摩根：那么她们要是用尾巴走路呢？

奥利维亚：她们会站在脚趾头上。

玛丽：我刚才说我们需要把我们的腿放在一起，还需要一些东西将所有的脚捆在一起。

　　麦蒂：尾巴需要连在一起，所以你们的脚也要在一起。

　　麦肯齐：美人鱼可以用尾巴碰到鼻子。

　　罗斯·泽恩：美人鱼的尾巴可以从这里一直到那里（他分别指了指脚趾头和大腿）。

　　现在，孩子们聚在一起提问题，然后想办法解决制作美人鱼尾巴时遇到的问题。孩子们在一起讨论、搜集信息，这样他们会在合作中增强解决问题的能力（Spencer & Hall, 2010）。他们不仅习得有关尺寸和形状的新知识，而且最终使美人鱼可以走路了！

　　皮亚杰在认知发展理论中使用的"运算"一词指的是行为的内化机制，这种内化机制会让儿童做事之前先思考。所以当处于感知运动阶段的儿童身体力行操作物体并将由此获取的知识内化，等他们到了前运算阶段，儿童的思考将进一步深入，然后会对自己的经历设定一个维度，这个维度会让他们考虑甚至想象操作物体。皮亚杰给这个阶段的另一个名称是前概念阶段，指儿童的思考仍然依赖周围的现实世界，而且他们刚开始将周围环境概念化。

　　我们这一章的主要目的是找出这一阶段的关键节点，并分辨在这一阶段认知上的成就，同时希望能够在学前教育背景下以及现实社会中，这些更加宽泛的范围内，以具体的例子对此进行辨析解释。处于前运算阶段的儿童，对真实世界的心理认知越来越复杂，同时，儿童能够更加清晰地对周围世界加以表征。许多儿童在2岁之后一直发展的能力到了3岁以后将会更加精细精良。象征性思维以及装扮游戏的发展也是前运算阶段的特征。在前运算阶段，皮亚杰又进一步分化出两个子阶段。

- 符号功能子阶段（大约2—4岁）。

- 直觉思维阶段（大约4—7岁）。

这一章节我们将讨论符号功能子阶段。值得强调的是，皮亚杰关于儿童在前运算阶段能力的研究结果有些已经被推翻或者被修正。然而，显而易见的是，皮亚杰理论为许多优秀的研究奠定了基础，这些理论帮助我们了解已知的有关儿童认知发展以及儿童能力的相关知识。

符号功能子阶段（2—4岁）

在我们开始概述这些子阶段的相关原理之前，为了更好地理解皮亚杰一直关注的一些相关概念，我们首先要弄清楚一些具有挑战性的名词。在前面的章节中，我们已经多次接触"象征"这个名词了。正如我们了解的，象征性思维是一种替代的能力。例如，儿童利用积木块代替智能手机。所以皮亚杰将儿童这个时期的认知发展命名为符号功能子阶段，目的是强调这个时期的儿童利用图片、词汇以及肢体动作来诠释周围世界的物体以及事件的能力在逐渐增强。

处于符号功能子阶段的儿童，会在角色扮演过程中愈发频繁地使用诸如书写、绘画、语言这些符号，而且所有这些能力都会在学前阶段的活动中得到进一步的发展。以下是学前教育专业学生记录的学前教育阶段的一些研究发现，这些研究发现帮助我们更深刻地了解前运算阶段的一些关键特征。以下所有儿童都处于符号功能子阶段。

> 凯利（2岁5个月）在娃娃家和玩具娃娃一起玩，她假装烧饭给娃娃吃，还给娃娃喂饭。她小心地把娃娃放在床上，还给娃娃盖上被子防止它冷。整个过程中，凯利自言自语并和娃娃对话。她一个人在游戏，并没有与其他幼儿进行互动。

> 每天早晨，我房间的幼儿（3—4岁）会玩"小狗"的游戏，他们在地上爬，学狗叫。这个游戏中，不同的孩子扮演不同的狗狗，游戏持续时间比较长。

> 孩子们（2岁5个月—3岁5个月）在一个房间里玩耍，这是托儿所专门设计的游戏场所。克里斯（3岁5个月）在烹饪角里忙着"煮饭"。他递给我一杯水跟我说"请用茶"。我表达感谢以后，他说"一会就可以吃饭了"。

> 汤米（2岁8个月）在纸上画了不同颜色的曲线。我询问是否可以告诉我他画的是什么。他告诉我说，粉色曲线是妈妈，蓝色曲线是爸爸，红色曲线是闪电麦昆。

这些简单的发现向我们展示了在前运算阶段早期，儿童到底在经历些什么。魔术植根于现实，但是这个时候儿童让魔术实现了，还拥有了探索想象世界的巨大快乐。

这个子阶段特别强调认知发展的三个关键因素，如下。

符号表征（Symbolic representation）：这是一种替代的能力，例如，一个锡盒就可以替代智能手机。

自我中心主义（Egocentrism）：幼儿只从自己的角度看待问题，缺乏换位思考的能力。

泛灵化（Animism）：将人类的属性赋予无生命的物体，例如，门可以是"粗鲁的门"，因为它在风中"砰"地关上了。

符号表征

象征思维的能力以及抽象表征的能力在前运算思维的早期子阶段中处于主导地位。年龄增长带来的表达方面的变化以及发展阶段的变化是皮亚杰理论的核心原则（Schaffer，2006）。以下是关于斯米特（in Allery，2010）强调符号表征出现的重大意义的文献：

> 早期学习中，替代的能力十分重要。我们居住在一个高度符号化的社会。我们所说的词汇、阅读的文档、看到的图片、碰到的标志、使用的数字，都是符号。为了脱离此时此地的局限，了解抽象世界的字母、数字以及符号，儿童需要在游戏中探索如何进行符号表征。
>
> （Smidt, 2010, p.35）

在第五章中我们发现，皮亚杰低估了儿童的抽象表达。但他特别强调有了语言的支持，儿童在2岁以后就会由仅仅依赖感知觉刺激和现实社会转向充满符号的、富有想象力的世界，寻求更加广阔的经验。

> 艾米莉（2岁8个月）紧紧握住一个长方形的锡盒放在耳边，并且很大声地对着锡盒说话。此时对于艾米莉来说，这个盒子就是一部手机。她十分投入，不停地在含糊不清地说着，还会提高声音，可能就是在模仿成人，表示她也会做同样的事情了。

在这个案例中，锡盒充当了艾米莉的手机。在前运算世界的第一个阶段，儿童会使用各种各样的符号，然而最重要的是儿童赋予这些物体的意义。

象征性游戏

皮亚杰定义了游戏的三个阶段和游戏种类。游戏的第二个种类就是象征性游戏，包括抽象表达、装扮、想象以及社会戏剧性游戏。这种类型的游戏已被证实真实存在于2—6岁儿童群体中，大致对应认知发展阶段的前运算阶段。正如先前概括的一样，需要指出的是，皮亚杰本人并不认为游戏是学习的一种主要手段，而认为游戏只是辅助学习的一种活动（Wood & Atfield, 2005）。根据皮亚杰理论，游戏促进同化作用而不是顺应作用，因此游戏可以巩固新习得的行为举止。

谢弗（Schaffer, 2006）指出，儿童会使用多种多样的符号来表现周围的人和物。一些符号是比较怪异的，从外表很难迅速辨别：一块木头有可能就是一列疾驰而下的特快列车；一把调羹可能就是农夫去喂家禽的路上必须穿过的一扇门；一张纸巾可能就是婴儿的睡衣，儿童会温柔地给婴儿盖好，防止着凉。其他类型的符号，例如图片、地图还有模型，就是比较显而易见的表征。在接下来的部分，我们将会看到最重要的形式——语言，一种表征物体的符号。虽然符号有不同的形式，但是它们共同的特点就是指代自己以外的事物。

追随皮亚杰的维果茨基，强调内化的重要性。内化是利用语言进行符号表征的一种手段，因此也是一种有效的储存经验的手段，是可以被记录的，用以追溯过去，也可以预测未来（Schaffer, 2006）。

所以当皮亚杰提出用"符号化表达"这个名词作为儿童在使用符号方面能力增长的标志时，维果茨基继续发展皮亚杰认知发展的理论，并扩大了符号化表达的范围。斯米特（Smidt, 2009）比较推崇维果茨基阐述的认知发展理论的两个重要构成。

- 意义的去情景化：即使某个东西不存在或是没出现，儿童也可以想象到的能力。

让我们思考一下在皮亚杰的语境下这是什么意思。在感知觉世界的早期阶段，如果看不到，物体似乎就是凭空消失了。儿童的认知能力这时发展到这样一个程度：即使看不到物体，儿童也会相信物体是真实存在的，而且还会假装物体就在眼前。

- 规则：如果我们将"规则"定义为儿童适应的特定原则，那么任何角色扮演游戏都遵循某一种规则。此外，这种规则随着儿童与物体相处的积极经验以及赋予物体意义的增加而逐渐发展。

我们一起观察几分钟，尝试辨认前运算阶段儿童游戏中的这两个概念。

> 珍妮（4岁）想要成为美人鱼，所以她穿上了蓝绿色的连衣裙在地板上假装游泳。

> 鲁比和爱丽丝（2岁8个月）正在玩理发师的游戏，她们用乐器（盛米的瓶子）代替洗发水，一把勺子当作刷子。

> 有了凯利（早期教育工作者）的支持，杰西卡（2岁）专注地玩着角色扮演游戏。杰西卡假装拿着魔法棒，嘴里喊着"阿巴拉卡哒巴拉……一只猫"，凯利立马变成一只小猫。杰西卡随后变出了许多小动物。

> 罗伯特（3岁5个月）制造了一些噪音，假装自己是警察。

我们可以发现，儿童在游戏过程中，会利用物体来支持自己的想象。当儿童进入皮亚杰前运算阶段的符号功能子阶段时，他们将更加擅长没有道具的想象。有了语言的支持，他们的戏剧化表演也更加丰富。在上文提到的最后一个观察中，儿童已经不需要用道具支持自己的想象，通过动作、声音模仿就可以想象自己是一名警察。

语言符号

当我们评价一名早期教育机构中的2岁儿童时，首先想到的一个主要技能就是对语言的快速理解。在皮亚杰看来，正是由于儿童符号功能的发展才使得他们能够如此快速地掌握语言。如同上文，在接下来的观察记录中我们将会看到他们在结合视觉型符号表征与语言表达的认知能力方面的逐步发展。

> 迈克斯（3岁7个月）在纸上画了红爱心，并介绍说是送给妈妈的情人节礼物。他已经知道爱心可以代表情人节，而且清楚地告诉了我们。

语言方面的符号化过程在想象游戏中也十分明显，而且我们已经了解到，随着儿童在前运算阶段中的不断进步，想象是依靠动作和声音来支持的，并非是道具。

> 露西（3岁9个月）和萨拉（3岁5个月）喜欢在房间里玩。她们最喜欢的游戏之一就是装扮成两位妈妈，与一个怪兽做斗争来保护自己的孩子。她们用声音（例如"嗷！"）来代表怪兽。她们打电话报警，语言十分清晰有序。

一旦幼儿开始使用语言符号，他们解决问题的能力就会大幅度提升，也会学习别人的口语化表达。怀特布莱德（Whitebread，2012）比较关注皮亚杰和维果茨基提出的"自言自语"，人们相信这个行为可以帮助儿童调控目标，调节活动的进展，同时这种行为也紧紧联系实物和建构性游戏。

> 西蒙（3岁9个月）正在专心致志地制作一把锯子，嘴里自言自语，仿佛他在处理一件很困难的问题，"这一块不是放在那里……这一块不是要锯的"。

● 圆圈时刻 ●

> 儿童坐成一个圈进行谈话活动。朱莉问马尔科姆（3岁9个月）周末都在做什么。他解释说周六周日是休息日，然后细致地讲述了他去公园玩。在这个过程中，他使用了长句子。

我们可以发现皮亚杰的符号功能子阶段非常重视儿童想象能力的发展，表现为利用简单物体或行为表现更复杂的东西。对象征主义概念的理解随着语言能力的发展而逐渐发展，语言能力是在儿童为了配合自己的游戏经历以及扮演的成人角色而努力使用词汇的过程中发展的。2011年，梅（May）指出儿童的意识依赖于外部可见的提示，抽象思考并非一朝一夕就能发展完成。儿童早期在每个领域内进行的学习应该在很长一段时间内都具有进步性以及适用性，这样儿童才能够巩固以前的经验，并且对即将了解的知识有所准备。

现在，让我们用一个关于行为课程的、轻松简洁的实例来结束这一段。这个课程实践为儿童进行符号化表征提供了大量的机会和潜力。在接下来的摘要中，波普·爱德华（Pope-Edwards, 2002, np）为早期儿童教育实践提供了丰富的、充满洞察力的瑞吉欧教学方法。

> 儿童利用他们的"一百种语言"表达自己的想法及感受的能力在不断提升。这些儿童的"一百种语言"具有表达性、互动性以及认知性特点，例如词汇、行为、涂鸦、绘画、建构作品、雕刻、皮影、拼贴画、戏剧、音乐等，这些"语言"都是儿童进行系统地探索与组合而产生的。教师尊重并遵循儿童的兴趣进行教学，在阅读写作方面并不进行专项练习；因此，儿童在记录并调整自己的想法，以及与同伴交流时就培养了自己的阅读能力。这个课程具有目的性，但是没有范围以及固定顺序。教与学是相互协作的，成人与儿童之间的"生成内容的处理"需要大量的时间和深入的回顾。跨越年龄的亲密的成人-儿童关系以及同伴关系通常是通过循环组织培养出来的。长期的开放式项目有利于促进团队合作，教室环境应该被精心打造成能提供复杂性、美感、幸福感，并能让人轻松的地方。

自我中心主义

当我们提到"自我中心"时，不禁也会想到自私。然而当皮亚杰提到这个词时，他意在强调儿童从自己的视角感知世界，而不知别人有不同的视角（Schaffer, 2006）。在第五章我们曾解释过"中心"这个词，指的是儿童一次只能关注物体的单一特征或者一个事件的单一情境，即儿童对物体其他相关潜在特征的忽略。下面就是关于"中心"的例子。

> 马克（3岁7个月）正在玩拼图游戏，朱莉在旁边观看。他正在找一片蓝色的没有云朵的拼图来拼成背景中的天空。在寻找合适的拼图过程中，他只关注蓝色。他认为蓝色这个特征就是找到缺失一角的关键，而他忽略了这块拼图的形状。所以现在他必须将每一块蓝色的拼图都拿来配对，直到他找到正确的那块。

谢弗（Schaffer，2006）比较了儿童讲述最近发生的事情时体现出的自我中心主义，同时也假设儿童之间存在极少的共同性知识经历。儿童理所当然地认为知识是已经存在的，这也许是因为3—4岁的幼儿并不能理解他们自己的想法与他们接触到的其他想法之间有很大的差异。关于这一点，我们将会在第七章更加详细地讨论，同时也会关注在广义"心理理论"能力的背景下正在进行的一些关于儿童的有趣的研究。下面，我们将简单地了解由皮亚杰（Piaget，1929）定义的自我中心主义的关键要点。

知觉自我中心主义

皮亚杰发现，即使站在别人的对立面，拥有与别人完全不一样的视角，儿童仍然认为别人看待问题的角度与自己是一样的。三山实验（Piaget & Inhelder，1956）是皮亚杰设计的最著名的研究之一。在这个研究发现的基础上，皮亚杰总结出，儿童在前运算阶段仍然从自我的视角看待事物，而且这种情况将持续到7岁左右。有关这个实验的详细描述在第七章。

皮亚杰关注的儿童另一种形式的自我中心主义称为交往自我中心主义，表现为儿童自言自语，或者沉浸在别人不能理解的对话中而不自知。对此，比较有力的证据便是儿童与爸爸的电话对话，当爸爸问"妈妈是否在身边"时，她点点头。儿童没有意识到爸爸看不到她，并且坚信她可以像爸爸在身边一样利用动作与爸爸交谈。

在符号功能子阶段期间，儿童也坚信道德评价标准仅仅取决于父母的权威，他们认为无论在怎样的环境下、他们面临怎样特殊的情境，父母的权威必须服从。当儿童进入前运算阶段，他们开始更多地意识到相互协商以及互惠的需要。在第七章，我们将继续讨论儿童早期的自我中心主义，并会花费更多的精力来澄清、阐释皮亚杰自我中心主义理论的更深含义。

泛灵论

当儿童摔倒以后，他手里的泰迪熊掉落在地，大人也许会捡起泰迪说："傻泰迪挡住克莱尔的路啦！——泰迪以后要小心一点哦，不要再让克莱尔摔倒啦！"作为成年人，我们这样说正是在回应幼儿的泛灵性——儿童认为世间所有的物体都是有生命的，具备和人一样的特征和品质。

下面选取了皮亚杰著作中，皮亚杰与一个处于前运算阶段儿童的对话。

>皮亚杰：太阳会动吗？
>
>幼儿：会动，它会跟着别人走。要是一个人掉头往回走，太阳也会往回走。太阳难道没有跟随过你吗？
>
>皮亚杰：它为什么动呢？
>
>幼儿：因为一个人要是走路，它就会跟着。
>
>皮亚杰：太阳为什么跟着？
>
>幼儿：为了听清我们在说什么。
>
>皮亚杰：它是活着的吗？
>
>幼儿：当然，否则的话它就不会跟着我们，它也就不会发光了。
>
>（Piaget, 1960, p.215）

从这则对话中，我们可以知道，在儿童眼里，这些物体的存在取决于围绕在它们周围发生的事——物体必须移动，聆听，观察，这样的话，它们才能和儿童同时行动——儿童坚信太阳如果不跟随自己就无法发光这个事实就很好地阐释了这个观点。

符号功能子阶段的最新理论发展

我们对符号思维知多少

当皮亚杰不再争论游戏在学习过程中的主导作用时，维果茨基还在极力表明，游戏对于符号表征能力的发展具有重要作用。这些符号表征包括绘画以及视觉艺术、语言、数学符号系统等其他形式（Whitebread，2012）。在维果茨基的理论中，角色扮演游戏是儿童早期完全受情境限制向拥有抽象思考能力转变的过渡阶段。当儿童经历了新鲜有趣的事情，他们会通过表演再现的形式而不是通过思考来同化经验。下面这则摘要就记录了一次可爱的转变。

> 萨拉（1岁）已经能清晰地发出有意义的声音了（"妈妈""爸爸"等等）。正如你想的一样，她也能和一个带黏钩的娃娃玩很久。我观察到她多次将这个娃娃当作一个物体进行把玩探索。她一边摆动娃娃一边看着它，她将娃娃反过来看，扔在地上又捡起来。她把娃娃放进嘴巴里，又用力地甩它，还使劲拿娃娃砸别的东西。然后有一天，又有了新的发展。她让娃娃像人走路一样移动，还像自己一样发出嗡嗡的声音。突然之间，这个娃娃就不仅仅是一个物品，而被当成一个小朋友，一个符号。
>
> （Whitebread，2012，p.66）

除了符号游戏，儿童还可以通过很多形式进行表达表现，例如通过绘画、音乐表演。

这则摘要很好地说明了维果茨基对于角色扮演游戏以及表征思维、语言的支持，一些其他研究也证实了这一点。然而，一些研究者认为并没有证据能够证明游戏能促进认知发现，更别提游戏具有支持性了（Lillard et al., 2012）。

与维果茨基相反的是，杰罗姆·布鲁纳（Jerome Bruner）坚信儿童经历表征思维的以下三个阶段。

动作表征阶段（Enactive Stage）：儿童通过作用于物体发展认知。

映像表征阶段（Iconic Stage）：儿童不需要物体实际存在也能在脑海中再现物体图像。

符号表征阶段（Symbolic Stage）：儿童运用抽象思维表征世界，评价世界，并且批判性地思考世界。

皮亚杰的游戏分类也遭遇了挑战。现在我们知道游戏不能简单地划分成三类，不同类型的游戏之间存在着大量的重合之处。尽管皮亚杰坚信象征性游戏从儿童2岁开始出现，但是我们知道儿童在2—5岁之间会花费大量时间在各种各样的活动中游戏，而且我们还明确知道儿童在2岁之前就开始进行简单的象征性游戏了。

我们对自我中心主义知多少

皮亚杰关于儿童在前运算阶段中符号功能子阶段能力的断言遭到了不少批评。首先，三山实验对于缺乏山峦知识的儿童是没有意义的，更何况不同的人对山的理解各不相同。最近，有研究者使用更加有意义的材料做了实验。例如，研究者利用儿童经常玩的玩具进行布局来研究幼儿对别人视角的了解，3—4岁儿童如果能够意识到别人如何看待这个布局,他就能看懂布局(Smith et al.,2003)。在更加有意义以及更适合儿童的任务设计里,玛格丽特·唐纳德森(Margaret Donaldson)以及其他研究者已经证实儿童在皮亚杰提出的年龄之前就能够站在别人的角度看待事物。怀特布莱德(Whitebread,2012)让我们注意到大量研究心理的后皮亚杰理论,这些理论认为儿童在3—4岁期间能理解别人的情绪状态与自己的情绪状态有很大不同。

我们对泛灵论知多少

皮亚杰关于儿童信仰泛灵论的理论也受到了批判。例如,太阳、月亮还有星星在某种程度上是我们碰触不到的物体——就算是成年人将人的能力甚至是超人的能力赋予宇宙中的这些物体也是很普遍的。最近关于儿童对泛灵论的理解的研究揭示了儿童其实在皮亚杰提出的年龄之前已经能区分有生命和没有生命的物体。奥普弗和格尔曼(Opfer & Gelman,2011)指出儿童能够区别人和物的第一迹象时的年龄远远早于皮亚杰(Piaget,1952)提出的8个月。

对于教育实践的意义

皮亚杰前运算阶段的第一子阶段对于早期教育工作者的意义是什么呢?儿童替代的能力是前运算早期阶段意义重大的发展。梅(May,2011)指出符号在我们日常生活中随处可见——写作、绘画、数学和戏剧。在前运算阶段,儿童热衷的最有意义的活动之一便是象征性游戏——利用符号代替物体和活动。年龄较小的儿童喜欢角色扮演游戏,在这些有趣的活动过程中,儿童重现并尝试他们在真实生活中无法完成的行为,而且这些活动帮助他们获取知识,积累关于想办法尝试以及练习的经验,帮助他们锻炼语言交流能力,学会协商、合作,学会在适当的时候进行轮流工作,学会理解别人的感受和目的。

● 符号在我们的生活中随处可见,而根据皮亚杰使用的"符号功能子阶段",皮亚杰比较强调儿童这些能力的出现。正如我们了解的一样,儿童通过多种符号表达方式来表现自己,例如游戏、涂鸦、绘画以及舞蹈和音乐等方式。怀特布莱德(Whitebread,2012)关注"图解语法"的发展,即儿童使用视觉图片表达自己的思想。较小的前运算阶段的儿童,以及较少部分的感知觉运动阶段的儿童,喜欢在他们接触到的物体表面留下痕迹。对于比较小的前运算阶段的儿童,成年人或许会比较多地指导如何做记号,但是蹒跚学步的儿童仍然会自己决定在哪里以及怎样画(May,2011)。就像许多学者强调的一样,过程才是学习的关键,而非结果。

● 给儿童提供机会以及材料进行涂鸦,或者利用手指、脚趾做记号,这样的开放性活动能够给儿童带来极大的参与性快乐(May,2011)。压印就有很多种玩法,可以在面团上、湿沙地上还有很多其他物质上做记号。梅(May,2011)还关注了一个2004年在瑞吉欧召开的国际会议,会议主题是"身份的追踪"。会议的目标之一就是探寻即使对于一个儿童,当他需要给自己留下世界的印象或者留下能够证明自己价值和个性的踪迹时,基本的要素是什么。

● 成人在儿童符号表征方面承担的角色十分关键,然而皮亚杰并没有详细介绍成年人的角色,他围绕儿童简单且初现的符号表征能力提出了自己的理论,这个理论有助于教师给不同年龄阶段的儿童提供最好的支持。对于更小的2—3岁的儿童来说,他们的符号表征仍然受限于对外部环境的依赖,这样的话,为他们的游戏开辟一片独立的区域将会有很大的帮助。对于儿童来说,成人在旁边支持推动游戏情节发展将会使他们受益良多。早期专业指导者通过鼓励儿童对可能进行的角色扮演情节进行思考和讨论,支持处于前运算阶段早期的儿童发展,而这些讨论可能会持续数天。儿童真正在自己的话剧里扮演角色之前,他们会有很多机会进行练习。

- "持续性共享思维"的概念与皮亚杰的前运算阶段的第一个子阶段的发展息息相关。持续性共享思维可以理解为"共同思考、构建意义和理解"(NCCA,2009)。爱尔兰的《爱思特:幼儿课程框架》(Aistear)强调提升儿童早期教育工作者的专业能力以及儿童共同讨论思考的重要性和意义。下面一则摘要很好地说明了这些理论。

> "看,它卡住了。"克莱尔(3岁)坐在拖拉机上抱怨。"天呐,我很好奇,为什么那些轮子不转了呢?"老师罗莎琳说。正在看轮子在泥浆中旋转的杰米(4岁)加入了他们。接下来的几分钟,他们讨论为什么轮子被卡住以及怎样才能解决这个问题。克莱尔拒绝了罗莎琳让她从拖拉机上下来再把它拉出来的提议,她想开着拖拉机出来。最终,杰米提出了一个可行的方法:"我爷爷在拖拉机陷进污泥的时候,他会使用一些长木头,我们是不是也可以那样做?"罗莎琳问:"克莱尔你觉得怎么样?我们要不要试一试?"克莱尔同意了,和杰米一起去找一些木头垫在拖拉机轮子下面。这下拖拉机不得不动了。孩子们和老师一起想办法,就解决了这个难题。老师可以制订一些计划帮助儿童提升思考和讨论技能,也可以在日常生活中抓住机会,促进儿童一起讨论思考。这些机会可能会出现在儿童自发游戏期间或者以后,出现在休息时间的间隙、阅读故事的时候、看完电视的时候、归途中,还有小组学习的时候。提升持续性共享思维的一个重要方面是鼓励儿童反思他们的经验。

注释

这里的魔术指的是看起来违背物理自然规律的事情。

CHAPTER SEVEN
Egocentrism and the preschooler

第七章
自我中心主义和学前儿童

在这一章,我们将进一步探索学前儿童的自我中心主义。皮亚杰坚信儿童的思维在整个前运算认知发展阶段都保持自我中心主义。在这一章,我们还将回顾皮亚杰的实验工作,然后补充在这个重要领域关于幼儿认知发展的调查结果,我们会着重讨论自我中心主义对儿童社会性发展的意义。艾莉森·高普尼克(Alison Gopnik)是美国的一位心理学家,同时也是加利福尼亚大学伯克利分校的心理学教授。艾莉森在下面这则摘要里向我们介绍了她最近做的一些实验,而这些实验向我们展示了儿童接受别人观点的能力。

1996年,我和现居住在华盛顿的贝蒂·雷帕科利(Betty Repacholi)发现,18个月大的婴儿就能辨别他人的喜好和自己的需求。实验中，研究人员把一碗生的花椰菜和一碗金鱼饼干放在14个月和18个月大的婴儿面前，接着每份都品尝一下，做出喜欢或厌恶的表情，然后向孩子伸出手，问道：能给我一点吗？如果研究人员表现得似乎很喜欢花椰菜，18个月大的婴儿通常会把花椰菜递出去，即使他们自己不喜欢这种东西。而14个月大的婴儿总是拿饼干给研究人员。这项研究表明，如此低年龄的孩子也不是完全以自我为中心的，他们至少能以简单的方式理解他人的想法。

（Gopnik，2010，p.78）

这一章内容是建立在第六章提及的前运算阶段的一些概念基础上，并对其有所发展，目的是采用生活中真实的例子来阐明这些概念。如果儿童不能理解自己的知识是不同于别人的，自己看到的也不同于别人看到的，那么就表示儿童处于自我中心主义的阶段。这在一定程度上揭示了，为什么当儿童与父母通电话时，面对父母的问题会默默地点头回答。儿童的这种思维特征对人际关系有重要意义。儿童会认为别人的要求、愿望及情感都和自己一样。最近的心智能力理论向皮亚杰在自我中心方面做出的假设提出了质疑。这个研究已经证明，在学龄前，大概3—6岁的儿童能够理解别人的愿望可能和自己不一样，也开始从别人的角度考虑别人的愿望可能是什么。学龄前儿童的这些发展具有什么意义，本书将会在涉及移情和前社会行为的发展时进行更加深入的讨论。

自我中心是什么？

儿童的自我中心指的是儿童的一种思维特征。这个特征可以归咎于从出生到3岁，儿童缺乏可以回顾的认知经历，也就无法从别人的角度看待事情。

让我们用一个例子来阐明自我中心是什么。朱莉是一名早期儿童教育专业的学生,她在实习期间记录了自己与一名儿童的对话。

朱莉:你好,希亚拉,周末过得愉快吗?做了什么开心的事情?

希亚拉:当然……我们做了很多……我玩得很开心……我还去了姑姑家。

朱莉:哇,真好……你的兄弟也去了吗?

希亚拉:没有……他太小了……他还是一个小婴儿……我的兄弟……兄弟们都是小婴儿。

朱莉:额,并不是所有的兄弟都是小婴儿,我有一个兄弟,他比我还大。

此时希亚拉看起来十分困惑。

希亚拉从自己的角度看待事情,由于她自己的兄弟是小婴儿,所以此时她认为所有的兄弟都是小婴儿。这个年龄的学前幼儿还不能够脱离自己,他们认为每个人都和自己想的一样,感受一样,看到的、听到的都一样。这种思维方式是因为他们还没有能力去自我中心。"去自我中心"在第三章提到过,指的是能够关注到事情的多个方面。就儿童的自我中心主义来说,我们其实是说儿童只关注自己的想法和视角,而没有能力去考虑别人的感受和想法。

艾克曼(Ackermann, 1996, p.29)强调4岁的幼儿能够很好地理解别人的观点和自己不一样,而比较难理解的是,不同的观点是"多面的,而这些不同的方面会通过特别的方式变成'现实'"。简单地说,就如我们将在后面部分提到的，3岁的幼儿就可以很好地理解别人看到的、想到的和自己不一样——而这些儿童做不到确切地知道别人看到或者想到了什么。

皮亚杰的自我中心理论

这一节将会总结皮亚杰基于评估儿童自我中心的实验得来的调查结果。谢弗（Schaffer，2006）将皮亚杰关于自我中心结论的关键部分概括总结为感知觉的自我中心、交往的自我中心、自我中心与同伴游戏、自我中心与道德推理。让我们逐一进行了解，然后思考它们与儿童早期有着怎样的联系。

感知觉的自我中心

皮亚杰发现，即使站在别人的对立面，拥有与别人完全不一样的视角，年龄小的儿童仍然认为别人看到的东西与自己是一样的。三山实验是皮亚杰设计的最著名的研究之一，图7.1进行了详细描述。

在这个研究发现的基础上，皮亚杰总结得出，儿童在感性的自我中心阶段仍然从自我的视角看待事物，而且这种情况将持续到7岁左右。

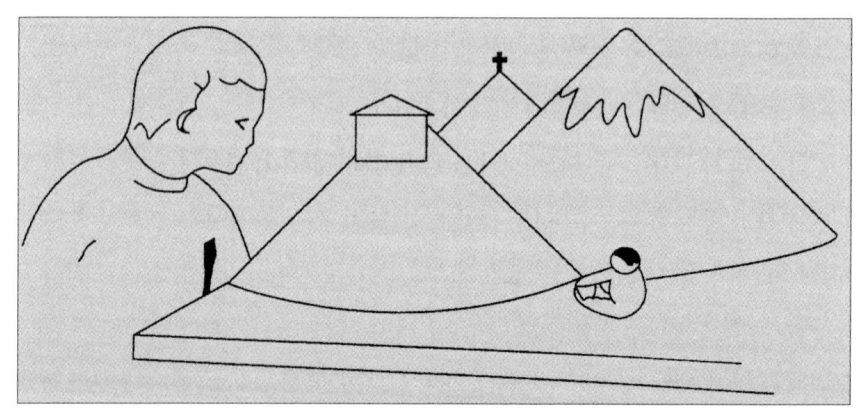

图7.1　三山实验

> ● 三山实验（Piaget & Inhelder, 1956）●
>
> 让儿童坐在三座不同大小、不同形状的大山模型前，然后给儿童从不同角度拍摄的大山照片，请儿童指出每一张照片的拍摄角度——学龄前儿童能很轻松地完成。接着在桌子的另一端放置一个娃娃，然后请儿童找出哪张照片是在娃娃的角度拍摄的。大部分儿童找出的照片都是与自己的角度相匹配的。而到了7岁，儿童就能够准确地找出从娃娃角度拍摄的照片了。

交往的自我中心

皮亚杰关注的儿童另一种形式的自我中心是交往的自我中心主义，表现为儿童自言自语，或者沉浸在别人不能理解的对话中而不自知。对此，比较有力的证据便是儿童与爸爸的电话对话，当爸爸问"妈妈是否在身边"时，她竟然点点头。

皮亚杰自己这样描述交往的自我中心，"儿童并没有打算影响他的听众或者要告诉对方一些什么……"。

在他的观察中，皮亚杰（Piaget, 1962）指出，当儿童沉浸在游戏中时，他们的沟通不具有交互性——换句话说，他们只是在自言自语，这其中还包括重复其他儿童的语言。皮亚杰将这视为儿童无法与其他儿童或成人分享信息。根据皮亚杰的理论，7—8岁的儿童开始有逻辑性地、批判性地进行思考。而与此同时，自我中心言语就消失了。然而，值得注意的是，维果茨基对儿童自我中心言语有不同于皮亚杰的观点。维果茨基（Vygotsky, 1986）更喜欢"私人言语"或"自主言语"这样的词汇，他认为，这是儿童的一项比较有意义的认知功能，这样的言语可以帮助儿童在应对不同活动时进行计划、调整并指导自己。

自我中心与同伴游戏

皮亚杰还想出了与认知发展阶段一致的游戏发展阶段——例如，特别小的儿童通常独自游戏，或者虽然和同伴们一起游戏，但是儿童之间较少出现交流。这样的游戏分别被称为独自游戏和平行游戏。儿童较容易关注他们自己的活动，而无法与别人一起共同合作创造作品（Schaffer，2006，p.131）。

自我中心与道德推理

当儿童长大一些，他们将逐渐关注到身边的人，然后移情能力开始发展——感同身受的能力（Geangu，2009）。研究者坚信这种能力早在儿童2岁时就开始变得明显，这个时候略成熟的移情关怀出现（Knafo *et al.*，2008）。怀特布莱德（Whitebread，2012）强调儿童比皮亚杰提出的时间更早出现移情行为，儿童学会对情绪低落、不开心的儿童表现出同情。最重要的是，儿童通过自己的经历，以及出现在自己身边的不同情境学会移情。

然而，皮亚杰指出，在符号功能子阶段，儿童的道德认识以及道德标准大部分依赖于父母的权威。无论是在什么情况下，父母的规则都必须遵守。当儿童度过前运算阶段，他们会逐渐意识到相互协商的必要性，意识到修改从父母那里习来的规则的可能性。再后来，在与同伴交往的过程中，儿童会学到，规则是建立在"相互协商和互惠的基础上"（Schaffer，2006，p.131）。

皮亚杰的自我中心理论的最新发展

如果我们停下来思考一下，许多人就会发现，尽管皮亚杰的三山实验非常有趣，也帮助我们更进一步考察了儿童换位思考的能力，但是它并没有充分表明儿童在早期教育阶段出现的自我中心和换位思考这样复杂的能力之间的区别。最重要的是，换位思考有很多方面，知道别人能够看到和知道别人想到了什么之间有很大的不同。

皮亚杰将"自我中心"视为单一概念——换句话说，自我中心随着各方面的共同发展而同时发展。但是，最近的研究驳斥了这个观点，认为换位思考能力的发展速度是依领域而定的——例如理解物理、生物、心理现象的心理技能是各自按照不同速度发展的。所以，正如我们发现的那样，儿童能够理解和说明一个人在不同的视角能够看到什么，但是却想象不到，别人在一个特定的情境下如何思考。

或许最重要的是，如同第六章提及的，皮亚杰关于儿童自我中心的实验已经遭到许多批判。阿克曼（Ackermann, 1996）强调，皮亚杰测试儿童换位思考能力的实验对儿童的认知能力要求很高，而这些认知能力是超越自我中心的理解范围的。自皮亚杰以后，研究者都使用对儿童来说更加熟悉、更有意义的材料进行简单的实验。下面就是一则实验的例子。

> ● 正面小猫，反面小狗（Flavell, 1990）●
>
> 这个简单的实验是为了深入了解儿童在理解"自己看到的不一定也是别人看到的"方面的能力。实验中，儿童会看到一张纸片，纸片的一面是小猫，另一面是小狗。实验中，3—4岁的幼儿很轻易地就能理解当自己看到这一面的小猫时，对面的人就能看到小狗。

这个实验的结果驳斥了皮亚杰早期的实验结果，即儿童的思维直到7岁还保持着自我中心。以下是更多实验结果的总结。

- 儿童（3—4岁）能清楚地理解，如果从不同的角度看待一个物体，别人看到的和自己看到的是不一样的。

- 儿童之所以会在皮亚杰经典三山实验中失败，原因不在于他们的自我中心，而是对于他们来说，很难一次性记住所有的视角。
- 儿童很清楚地知道从不同的角度看待物体将会看到不同的东西，但是如果有太多的角度，儿童就无法明确说出别人能看到什么。

研究学前幼儿以及自我中心的新视角

皮亚杰的研究在指出儿童思维的多面性方面有着不可估量的价值。正如我们在前面章节中提到的，自我中心是儿童思维的一种意义重大的特征。但是，现在我们了解到，皮亚杰低估了儿童换位思考的能力。尽管如此，皮亚杰的研究确认了社会认知能力的中心难题：将自己的观点区别于别人的观点（Miller，2010）。自皮亚杰以后，有大量的研究进一步探寻儿童的换位思考能力，以及这些能力是如何影响他们的社会认知和社会行为的。我们将会重新审视这些实验，首先是社会认知方面的，其次是儿童心理能力理论方面的。

学前儿童的社会认知与换位思考

社会认知能力是儿童能力的核心，是儿童与别人相处以及换位思考所需的能力。米勒（Miller，2010）认为儿童社会认知能力的发展是儿童认知能力发展过程中最重要的成就之一。如我们看到的一样，儿童逐渐开始去自我中心化，逐渐认识到别人的视角不同于自己，这些都帮助儿童更加有效地与人互动交流。学前阶段的儿童也逐渐发展理解别人想法和感受的能力，这种能力帮助儿童思考别人的意愿、动机和目的。其中最自然同时又具有无限价值的活动之一——游戏——极大地促进了儿童这些能力的发展。

布伦南（Brennan，2012）强调游戏对于儿童理解规则和社会惯例有重要作用。如维果茨基强调的一样，儿童要学习调控自己的行为和情绪，而玩游戏让儿童学会调整自己的行为和情绪以便与同伴、成年人和谐相处。在这个过程中，儿童将规则内化为一种思维方式，学会以一种与别人共享的方式进行思考。社会认知的发展很好地说明了认知与社会性发展是相互的，其中任何一个方面的发展都能立刻影响其他方面的发展。

自己和他人：移情的起源

移情是指能够感知或想象别人的情绪状态，并且自己也有相似的感受（Eisenberg *et al.*, 1991; de Waal, 2008; Geangu, 2009）。早期教育工作者特别强调帮助儿童理解、回应其他儿童。支撑儿童有效回应别人感受的是儿童能清楚分辨自己的需求以及别人的需求的能力。所以，儿童早期移情能力的发展与以下两点紧密联系。

- 幼儿清楚地了解自己与周围的人是独立的个体。
- 能换位思考。

缺乏这样的能力，儿童在面对别人的不幸时，只能是被动地不安，而无法做出积极的移情行为（Van der, Mark *et al.*, 2002）。和皮亚杰认为儿童在学前教育阶段的思维一直保持在自我中心的观点不同，大量的研究表明，儿童移情行为的初现可以追溯到儿童6—12个月的时候（Knafo *et al.*, 2008）。

在最近对14个月的儿童进行的一项合作性研究中，沃内肯和托马塞洛（Warneken & Tomasello, 2007）发现，14个月的儿童能够理解别人未达成的目的（想要什么物体但拿不到），也会通过靠近物体并把它交给成人的方式来帮助他。但是直到18个月时，儿童才表现出帮助、合作这种程度更高的能力。研究者对合作和帮助所需要的不同认知需求与自己的意向结构到底相差多少做出了有趣的评论（Warneken & Tomasello, 2007）。比如，如果儿童理解了别人想要做什么，那么儿童就会更容易做出帮助的行为——换句话说，儿童需要知道一个人已经做出了或想要做出什么样的动作来达到自己的目的。另一方面，合作需要儿童与别人有共同的目标，并且为了那个目标一起努力。

就这些研究结果而言，对我们来说最有趣的是，不同于皮亚杰提出的自我中心，我们发现儿童在第二年的头两个月就出现了换位思考的能力。

自我中心与心理理论

正如我们看到的，皮亚杰关于自我中心的贡献遭到了挑战与修正。心理理论指的是理解自己或别人精神状态的能力，这些精神状态包括信仰、愿望、目标等（Miller, 2011）。大量的研究都是在这样笼统的词汇背景下对幼儿进行研究的。越来越多的研究提出了比皮亚杰认为的更积极、更广泛的儿童能力。学者们批判皮亚杰向世人展示了儿童的"无能的一面"——过多地关注儿童做不到的事情而不是儿童能做到的。在某种程度上我们是同意这种观点的。然而，皮亚杰的研究为20世纪后期甚至现在的研究都提供了大量经验。心理研究理论为早期关于社会认知的文学作品提供了宝贵的修正建议，这些文学作品对学前教育阶段的描述都比较负面。

下面就是对这一系列研究工作的主要发现的总结。

- 到了2岁，儿童就能清晰地分辨出脑海中的物体与现实生活中的物体的差异（Kavanaugh, 2006）。比较有力的证明就是2岁儿童能在象征游戏中区分椅子和把椅子当作车这样的想法。

- 儿童也能区分他们自己想要的和别人想得到的（Meltzoff et al., 1999）。

- 2岁的儿童在讨论自己和别人的需求、喜好和感受时使用的语言就展示了这方面的意识。等到3岁的时候，他们讨论人们在想什么，知道什么（Bartsch & Wellman, 1995）。

● 心理理论研究者意义最重大的一项发现就是儿童在4岁左右时，思维会迅速发展。这个时候，儿童开始意识到，他们脑海中存在的一些想法可能并不是真实的。这一点在一个叫作"错误信念任务"的著名实验中有所阐释。

> ● **错误信念任务**（Perner *et al.*, 1987）●
>
> 这个任务是由3—4岁幼儿完成的，实验中研究者会比较他们对于任务的反馈。研究者会给幼儿看一个糖果盒子，然后在打开盒子之前问幼儿盒子里是什么。幼儿大多会回答是"糖果"。然后研究者打开盒子，事实上盒子里是铅笔，而非幼儿想的糖果。幼儿通常都会比较惊讶（对于盒子里没有糖果感到失望）。研究者对幼儿说："我们把铅笔重新装进盒子里盖好，然后我请杰克进来。你们觉得当我问他'盒子里有什么'时，他会说什么呢？"

这个研究结果发现，3岁的幼儿通常认为他们的朋友或者下一个小朋友会知道盒子里是铅笔。之所以会这样是因为他们还不能区分自己和别人的想法。相反，4岁的幼儿通常回答下一个人也会认为盒子里装的是糖果（而不是铅笔）。

当我们仔细思考这样的能力对于儿童行为的意义时就会发现，在3—4岁之间，儿童在表现别人想法的能力方面存在一个重要的分水岭或者过渡阶段。4岁的幼儿已经能够换位思考，理解别人的想法和自己的想法也许并不一样。这样的话，4岁的幼儿就能够更好地理解别人的目的和信念。这个能够更好地理解别人想法的新本领使得儿童理所当然地出现诸如控制这样的新行为，还可以与周围的人玩智力游戏。

至今我们都聚焦于社会技能，这个技能与促进换位思考的去自我中心息息相关。更重要的是，这个能力包括学着理解别人的想法、感受和目的。在接下来的一章，我们在探寻皮亚杰前运算阶段的第二个子阶段时将会发现，自我中心将如何限制儿童数能力以及科学概念的发展。

对于教育实践的意义

由于皮亚杰在自我中心以及学前阶段儿童研究上的发现与我们现在了解的这个年龄阶段的儿童有很大差异，因此我们提出的实践意义并不仅指皮亚杰理论的实践意义，更多的指后皮亚杰主义理论在儿童心理以及换位思考能力方面的研究结果。

- 早期教育可以支持和促进儿童社会认知能力的发展。许多研究都帮助儿童理解自己行为产生的后果，也帮助儿童成功解决与同伴的冲突。早期教育工作者可以通过鼓励儿童主动表达自己的心理感受，或鼓励个别儿童从自己的角度说一说内心感受等方式，来促进儿童思考自己还有别人的情绪。早期教育工作者可以将儿童提出的解决冲突的建议与其他儿童一起讨论（Whitebread，2012）。通过这种方式，儿童学会相互协商，学会与同伴分享。帮助儿童认识不良社会认知模式的干预可以帮助儿童向积极方向改变，反过来，这又会对他们的社会行为和社会认同有帮助（Miller，2010）。

- 人际关系是儿童早期学习和发展的核心（NCCA，2009）。正如我们看到的一样，年龄非常小的儿童与别人交往，然后通过交往发展对他人和他人需求的认知。尽管不少互动会自然发生，但早期教育工作者可以为互动发展创造并提供有益的契机。爱尔兰的《爱思特：幼儿课程框架》（NCCA，2009）列出了帮助教育工作者以及成人采取策略、促进儿童有效理解自己和周围的人的一些方法。成人可以遵循儿童的气质类型、知识背景、理解能力、技能、态度及价值观，与儿童共同探寻思考问题的不同方式，从不同视角考虑问题，在这个过程中，始终尝试与儿童已有的知识经验相联系。

● 在1—2岁儿童之间实现共同关注的可能性已被更多的研究证实。斯米特（Smidt, 2011）提到了加强合作行为以缩减儿童共同关注与共享意图之间差距的可能性，尤其是为儿童创造机会，相互接触、相互分享，帮助提升儿童关于"同一事件有不同视角"的意识。斯米特（Smidt, 2009）强调的应共同关注的一个方面，用她自己的话说叫作"目标性反馈"。换句话说，通过向儿童反馈我们对他们的行为及反应的看法，我们可以增强儿童关于"自己的想法或许不同于别人"的意识。早教工作者在为儿童创设合作交往机会，以及给儿童提供目标性反馈方面起着重要作用。

● 儿童换位思考的能力可以通过游戏，尤其是通过扮演社会性角色得到锻炼。当儿童沉浸在角色扮演游戏中，那种成为别人的感觉是非常棒的。正如休斯（Hughes, 2003）强调的那样，儿童可以扮演妈妈、爸爸、老师还有警察，甚至可以同时扮演多个角色。

注释

不同的认知领域存在不同的心理机制。

CHAPTER EIGHT
The preoperational world

第八章
前运算阶段世界

直觉思维子阶段

在这一章我们将关注皮亚杰前运算认知发展的第二个子阶段——直觉思维子阶段，大致包括4—7岁的儿童。皮亚杰在第二个子阶段使用"直觉"来概括儿童的直觉知识以及儿童对周围世界的好奇心。然而，根据皮亚杰理论，直觉知识仍然缺乏推理的能力和合理说明这些知识背后的规则的能力。

接下来我们详细地了解一下前运算阶段的第二个子阶段强调的四个认知发展关键因素。

追求逻辑推理（Pursuit of logical reasoning）：儿童开始提问，也开始为周围发生的事情寻找合理的解释。

分类（Classification）：处于前运算阶段的儿童已经认识了许多物品，已初步掌握分类的知识，但是他们交叉分类方面的水平还有些欠缺。

排序（Seriation）：处于前运算阶段的儿童同样也很难有序地安排事物，例如将物品按照从大到小的顺序排列。

守恒（Conservation）：处于前运算阶段的儿童也很难理解，即使物品外观发生变化，它的本质或者原始特性仍然保留或者跟以前一样。

追求逻辑推理：万物如何运转，事情如何发生

> 常识无疑是我们拥有的最有意义的知识，它可以整合我们那些看起来毫无关联的经验，让我们预测那些还没有经历的事情。最重要的是，它可以让我们想象更多新的可能性，并且可以让我们以积极的方式干预、改进世界。事实上，我们可以说，这样的常识允许人类用不同的能力控制、构建我们的环境。
>
> （Gopnik，2012，p.628）

儿童凭直觉就能知道发生了什么，以及为什么会发生，凭直觉也能理解特定的现象，但是他们无法整合这些碎片式的理解，这也是他们为什么会无休止地提问，以及他们在追求逻辑推理的过程中所要追寻的东西。

达拉赫，4岁。这是他在ABC蒙台梭利中心的第二年。他喜欢建构游戏。他喜欢在室内摆弄小的积木块，也喜欢在室外摆弄大的厚木板条和积木。他喜欢乐高，热衷于利用废旧材料搭一些大大小小的建筑物。这会儿，当我来的时候，他正忙于搭建一个废旧小船。他全神贯注，完全无视身边的任何人、任何事。于是我坐在他身边开始录像。一开始，他并没有注意到我或者说他并没有注意到身边的任何人，直到一个女孩子走过来询问他的建筑。随着时间的推移，他利用胶带纸将一些小块粘住。他看起来

> 很乐意谈论他的作品，于是我问了他一些问题来帮助我更好地理解他的作品。他说他做了两个房间，一个给好人，另一个给坏人。坏人被紧紧地绑在一个箱子里，而且还用包装纸封上，"以免坏人逃走"，但是好人住在一个绑在牛奶盒上的巧克力托盘里，这样"他们就可以跳出来"。达拉赫认为这的确是一个很好的计划，很明显他为此感到十分骄傲，也投入了很多的思考。
>
> （Brennan, 2004）

正如我们在本书中看到的一样，儿童有强烈的欲望去了解、感知这个世界，他们渴望发展、验证一些假设，并且致力于获得合理的结论。达拉赫对于他为什么制造两个房间的解释就是一个很好的证明。皮亚杰低估了儿童致力于逻辑推理的程度，而这一点我们稍后将在本章节进行更深一步的探究。然而，皮亚杰关注儿童在他们的发展阶段中逐渐积累的好奇心以及"直觉"知识。

幼儿在3岁左右开始提问，并且在随后的几年里一直坚持不懈地寻找关于太阳底下一切事物甚至包括太阳本身问题的答案。为什么太阳会发光？晚上太阳去哪里呢？处于前运算阶段儿童的好奇心是他们与日俱增的能力的体现，也是他们对周围事物合理思考、有推理兴趣的体现。儿童关注周围事物发生的细节，想要探索事件背后的机制，这些机制某种程度上可以解释这些事件是如何发生的。皮亚杰采用了访谈法和观察法来深度探寻儿童早期在推理方面的特征。

走近儿童的思想

皮亚杰的"临床访谈法"包括询问儿童一系列开放性问题。皮亚杰为了"诊断"儿童使用的思考方式，设计了在实践中向儿童提问的模式（Labinowicz, 1985）。例如，他问："是什么让云移动？"

在皮亚杰的临床访谈法中，成人访谈者在物质材料背景下通过口头提问的方式与儿童进行谈话。为了达到探寻儿童在智力活动中如何进行推理的目的，这个方法鼓励每一位儿童轻松愉快地交谈，与材料轻松地互动，从而为访谈者对内在思考的假设提供一个基础。关于儿童看待问题视角的假设可以通过儿童先前回答自然产生的问题进行验证。访谈者的角色就是鼓励儿童再考虑考虑，更加具体地思考一下，或者回顾找寻解决方案的过程。

（Labinowicz, 1985, p.26）

儿童早期的回答特征会随着年龄的变化而变化，而基于这种变化特征进行分析，皮亚杰根据儿童年龄划分出了以下推理思考能力的水平分类（DeHart *et al.*, 2004）。

第一阶段：眼见为实

年龄较小的儿童会依据事物表现出来的样子进行解释。他们的感知觉在一定程度上还是自我中心的——他们会觉得云之所以会移动是因为儿童自己在动；太阳会落下是因为儿童自己要睡觉了。当然儿童在这个年龄阶段的推理还是很有意义的。有时候想想你坐在一列不动的火车里会是怎样的，如果旁边轨道上的火车开始动起来，有那么一瞬间你会觉得自己也在动。类似的经历影响着儿童如何解释周围发生的事情。

成人：是什么让云移动？
儿童：我们动了，所以云动了。
成人：你可以让它们动吗？

儿童：可以的。

成人：但是你告诉我当别人走路的时候云才动。

幼儿：云总是在动。小猫走路的时候，小狗走路的时候，它们都能让云移动。

（Piaget, 1930/1969, p.62; DeHart et al. 曾引用, 2004）

第二阶段：信仰万能

在推理的第二个水平阶段，皮亚杰指出儿童将周围事情发生的原因归结于万能的力量，这种力量可以控制物体和事件的发生。例如，他们认为上帝导致了一切。

成人：云为什么会移动？

儿童：是上帝让它动的。

成人：上帝是怎么做到的？

儿童：上帝推云，云就动了。

（Piaget, 1930/1969, p.63; DeHart et al. 曾引用, 2004）

第三阶段：朴素理论（错误归因）

儿童度过早期阶段以后，就开始像成人一样思考周围发生的事情。其中一个表现就是儿童开始以自然之力解释自然现象。以"太阳光线推动云"为例。尽管这些解释一定程度上是合理的，但也仍然是不可能的。

成人：云为什么会移动？

儿童：是太阳导致的。

成人：太阳怎么让云动？

儿童：太阳光线推动云。

（Piaget，1930/1969，p.65；DeHart *et al.* 曾引用，2004）

第四阶段：似是而非的片面推理

皮亚杰相信这个阶段的儿童的解释尽管并不完整，但是已经开始接近成人的推论了。所以，事实真相已经呈现出来，并且为解释事件的发生提供了基础，尽管这个年龄段早期的儿童还是会遗漏一些细节。

成人：云为什么会移动？
儿童：因为云层里有一股电流。
成人：这股电流是什么？
儿童：它在云层里。

（Piaget，1930/1969，p.72；DeHart *et al.* 曾引用，2004）

皮亚杰指出，儿童直到童年中期才能进行成熟的推理，但是其他研究者已经证明学前儿童的因果推理与儿童对所呈现问题的熟悉度以及问题本身的复杂程度息息相关。正如许多作者提出的，皮亚杰给儿童呈现的一些问题比较复杂，而且需要儿童对这个世界有较深层次的理解。然而最近的一些研究表明，在一些幼儿亲身参与的、有意义的情境中，幼儿能够为周围发生的事情提出较为完整且合理的解释（Wellman & Gelman，1998）。例如，5岁的幼儿能够清楚地解释为什么他的小车轮会转动，以及是什么让小车轮转动的。

在直觉思维子阶段，儿童开始思考与探索时间的概念以及年代表。这一点在阿诺德描述的格鲁吉亚（3岁7个月）与妈妈谈论斯蒂芬（格鲁吉亚的朋友）的对话中能够得到很好的证明（Arnold，1999）。

格鲁吉亚：斯蒂芬是3岁还是4岁？

妈妈：3岁了，快4岁了。大概十月份或十一月份就4岁了。

格鲁吉亚：我什么时候4岁？

妈妈：1月26日。

格鲁吉亚：是我先长到4岁吗？

妈妈：不是的。

格鲁吉亚：为什么是斯蒂芬先长到4岁？

妈妈：因为她比你先到妈妈肚子里。

格鲁吉亚：为什么？

妈妈：因为她的妈妈先怀孕的。

格鲁吉亚不满足于这样简单的回答，还想要知道更多。她使用语言和提问拓宽自己的图式，她将新获得的知识与原有的知识进行调和适应。这个平衡过程会持续，但是在直觉思维子阶段，语言是一种重要的工具，它能帮助儿童辨别、找寻知识的缺失部分，也能帮助儿童更好地理解世界。

奇幻思维：想象与现实之间的边界意识发展

在对前运算阶段的儿童进行访谈的过程中，皮亚杰（Piaget，1929）发现儿童的思维有时候会反映他们脑海中的思想与现实中真实事件之间的困惑。对于皮亚杰来说，儿童思维模式中的"错误"导致了他们在想象与现实之间的因果关系上的错误认识。皮亚杰还指出，儿童至少要到7—8岁才不会对周围发生的事情进行奇幻性的解释。然而，最近的一些研究表明，3岁的幼儿就已经具备相当可观的关于想象与现实的差别的知识，儿童在18个月到3岁之间会比较典型地出现使用奇幻思维解释物理性的因果关系。再近一点，罗森格伦和希克林（Rosengren & Hickling，2000）驳斥了一些皮亚杰关于奇幻思维的研究结果，并且提出思维的发展进程并不是匀速进行或者一致的。思维的发展过程极大地受到儿童的生长特点、有影响力的年长同伴以及宽泛的文化背景的影响。儿童对于物理世界的解释随着生长环境的变化而变化。

儿童之所以会提出一些具有想象力、不着边际的解释，也许是因为他们并不知道对于一件事合理的解释应该是什么样的。基于这个原因，当他们想不出合理的解释时，他们就会依靠想象制造出他们认为合理的解释。随着具体的因果关系经验和知识的积累，儿童为更加成熟、更加抽象的因果概念奠定了基础（DeHart *et al.*, 2004）。

分类

对于托儿所或者幼儿园的儿童来说，每天都要做的一项典型工作就是整理游戏区域，将玩具放回原处。大部分儿童都很熟悉他们的玩具种类，也会在收玩具的时候使其物归原处。这是最基础的分类方式。皮亚杰指出，儿童直到认知发展的具体运算阶段才对分类有完整的理解。接下来，我们来了解一下皮亚杰是如何得出这个结论的。我们将会看到儿童能进行分类，但是他们还不熟悉物品的颜色、形状、质地，而这可能会被误认为缺乏分类的知识或能力。这种状况可以通过在特定情境中呈现问题的方式来克服，以下是来自基洛夫和巴尔加瓦的一则摘录（Kirova & Bhargava, 2002, np）。

> 为了帮助瑞秋发展按功能或相关性进行分类的能力，在收玩具的间隙，劳拉问她："你能把你画画的工具都收到这个盒子里吗？"或者"你能在游戏区找到医生使用的所有东西并把它们放在一起吗？"在角色扮演游戏中，劳拉请孩子们把开一个食品店需要的所有东西聚集起来，这样的话金发姑娘就能买更多的食物为小熊一家做粥了。

学前教育阶段的儿童还没有形成关于类包含和排除的清晰概念，即使我们问一些具体的涉及儿童个人经验的问题，他们通常也只能阐述对这些概念的部分理解（Kirova & Bhargava, 2002）。随着语言能力的发展，儿童将会发展到能根据物品的两个甚至更多的属性进行分类。

在之前的章节，我们已经讨论过儿童是如何利用图式来组织对周围事物的思考和想法的。我们也讨论过随着时间的推移，儿童的图式如何变得更加复杂，这些图式包括物品、动物、植物甚至人类的类别以及子类别。这些处于前运算阶段的儿童已经形成了复杂的图式来进行思考，但是根据皮亚杰理论，儿童在对许多不同的物品进行甄别和分类方面，仍然存在很大困难（Smith *et al.*, 2003）。

皮亚杰关于分类技能的实验

这是皮亚杰为了评估儿童分类技能而设计的一项著名的实验，描述如下。

> 儿童会拿到一个盒子，盒子里装着18颗棕色的珠子和2颗白色的珠子，这些珠子都是木质的。调查者会问："是棕色的珠子多还是木质的珠子多？"处于前运算阶段的儿童通常会回答："棕色的珠子。"

根据皮亚杰理论，之所以会出现理解困难，是因为儿童似乎很难同时关注"所有的珠子"和"棕色的珠子"这两个概念。当然也许会存在一些其他因素能够解释为什么儿童在这个实验中失败了。问题"是棕色的珠子多还是木制的珠子多"本身就比较复杂，儿童需要花费精力来记住这个问题。皮亚杰在探索一些概念时使用的实验本质，以及采用的复杂奇怪的表述方式已经遭到了许多抨击。珠子对于儿童来说，既不是熟悉的东西，也并不具备什么意义。这是否能够解释为何儿童很难正确回答这个问题呢？

麦加里格尔和唐纳森（McGarrigle & Donaldson，1974）最近的一些实验使用了玩具奶牛进行测试——三头黑色奶牛、一头白色奶牛躺在儿童身边睡觉。当问儿童"是黑色奶牛多还是奶牛多"时，大多数儿童都回答错误。这是否因为儿童认为这是一个愚蠢的问题呢？然而，当问儿童"是黑色的奶牛多还是睡着的奶牛多"时，处于前运算阶段的幼儿更容易回答正确。如果我们细想儿童在实验中的表现，好像在同一时间，儿童似乎很难同时注意到两个或两个以上的特征。自我中心化，这个在皮亚杰理论中被反复提及的概念，可以很好地解释儿童在这些实验中为什么会有错误的回答。

皮亚杰也指出，前运算阶段的儿童根据两种或两种以上的特征理解分类并进行分类还是很困难。皮亚杰给儿童不同颜色的形状，请他们对这些进行分组（Inhelder & Piaget，1964）。在这个简单的实验中只涉及两种颜色（红色和蓝色）和两种形状（圆形和方形）。皮亚杰有如下发现。

- 最小的学前儿童有时候会根据一种维度正确分类——形状或者颜色中的任何一个。例如，他们有可能会将所有红色的圆形和方形放在一组，将所有蓝色的形状放在另外一组。
- 所以将所有红色的形状和所有蓝色的形状分别聚在一起，这对学前儿童来说并没有问题。将蓝色的形状按照圆形和方形来分，对年龄大一点的前运算幼儿来说也是可能的。

● 但是，让儿童对所有红色的圆形和所有蓝色的方形进行分组时——这个挑战偏难。年龄大一点的学前儿童在分类上高度一致，这种一致保持到5岁，即他们擅长根据一个维度来进行分类。然而尽管5岁了，他们仍然依据一个简单的特征来进行分类（例如颜色）。

● 相比而言，10岁左右的儿童会根据两种维度来进行分类——将所有蓝色的方形分成第一组，所有蓝色的圆形分成第二组，所有红色的方形分成第三组，所有红色的圆形分成第四组。

对于儿童的分类能力，我们通过皮亚杰学到了什么？

研究发现，给儿童提供更方便使用的方法和更多的指导，儿童可以很早就按照一种维度进行分类。然而，一般而言，前运算阶段的儿童仍然有皮亚杰所强调的欠缺。德哈特等（DeHart *et al.*, 2004）致力的一系列研究被菲利普·塞拉佐（Philip Zelazo）和他的同事发现并概括如下。

── ● 能够发出声音的东西与不能发出声音的东西(Zelazo *et al.*, 1995) ● ──

儿童按照规则将照片放进两个盒子。这个规则如下。

鱼类放一个盒子，鸟类放进另一个盒子。

能够发出声音的东西放进一个盒子里，不能够发出声音的东西放进另一个盒子。

1. 当向两岁半的儿童提出"这是一只鸟还是一条鱼"的问题时，他们大致上能够成功地将图片放进指定的盒子中。但是，当他们在成人的规则指导下时，反而不能够做到正确分类了。

2. 3岁的幼儿能根据规则进行分类，但是，当规则发生变化时，他们就会感到困难（如从按照颜色分类变成按照形状分类）。

3. 4岁的幼儿能根据规则进行分类，而且在转入一个新的分类上没有困难。

我们从前面几章可以看到，皮亚杰好像低估了儿童理解分类概念的年龄——很小的儿童（例如两岁半）知道不同种类东西的区别，但是根据指令将东西放入单独的盒子里对其仍然是个很大挑战。高普尼克等（Gopnik et al., 2001）同样认为年龄小的儿童分类和总结的能力在2岁左右出现，那时儿童能像科学家一样对物体进行分类和再分类。克罗和斯伦兹（Krogh & Slentz, 2001）关注儿童在日常生活中学习对不同种类的东西进行分类的实际情况，案例描述如下。

> 在帮助妈妈收拾生活用品时，3岁的劳伦正在学习将一些生活用品放进冰箱或者放到其他货架的经验，感觉很冰的东西可以放到一个地方，感觉比较热的东西放到另一个地方。不用对抽象原理有充分的理解，仅仅感觉温度并知道冷冻能让食物保持新鲜，劳伦就用直觉建立了什么地方可以储存某类物品这样一个知识经验。同样地，在幼儿小的时候提供一个有充足机会的环境，可以促进他们分类能力的发展。其基本原理是材料及活动和幼儿的发展阶段相联系，不同阶段有特定的学习目标。

排序：按次序摆放物品

和我们把周遭世界分门别类的能力紧密相连的，是我们能够辨认一系列事物的顺序或者次序的能力。总的来说，这些能力依次可能包括物体的长短、单色调的渐变、宽度的变化等等（Krogh & Slentz, 2001）。皮亚杰用"排序"这个术语指代这项能力，还进行了一个让儿童按照从短到长的顺序排列不同长度棍子的实验。

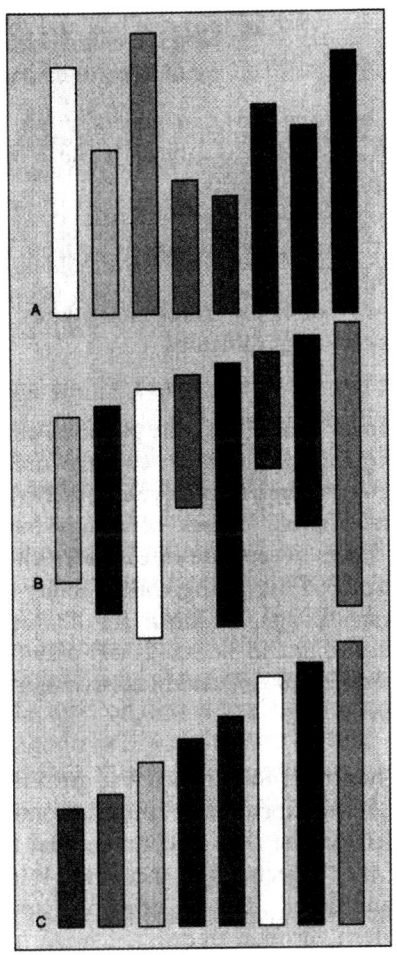

图8.1 排序任务

例如，如果你放了8根长度不同的吸管在桌子上（如图8.1A所示），并要求儿童按照长度进行排序，前运算阶段的儿童可能会将这些吸管排成3到4组的"短"或者"长"吸管，而不是按照从最短到最长的正确要求去摆放吸管（如图8.1C所示）。有趣的是，我们发现这些年幼的儿童试图将这些棍子的顶端按照高低顺序排列起来，同时，他们倾向于忽略棍子的底端（如图8.1B所示）。按照大小进行次序排列对儿童来说是具有挑战性的，因为他们在同一时间内只能注意到事物的单一方面。这种类型的实验强调的是知识的量化，我们将在本章以及第九章花费更多的时间去探究儿童对数字和数量的逐步理解。

下述案例来自于基洛夫和巴尔加瓦的文章（Kirova & Bhargava，2002，np），案例说明了学龄前儿童的游戏活动在帮助我们理解儿童增长的知识和能力方面起到了很大的作用，而这些知识与能力是与数字、分类和守恒概念有关的。

> 劳伦刚刚给学前班级的小朋友们读完《金发女孩和三只小熊》的故事。她宣布现在是自由游戏的时间。4岁的瑞秋察看了一会儿房间，走到表演游戏/娃娃家区角。今天，这个区角准备了玩偶、一些毛绒玩具、杯子、盘子、塑料餐具、塑料食品、一张桌子、几把椅子和一些装扮衣服。瑞秋挑了一件大大的衬衫，并穿上了"妈妈鞋"。接着她从储藏间拿出了三个不同大小的填充玩具熊，并把它们放在桌子的周围。当她将熊放在三把椅子上使它们坐好后，她小声地说，"你是熊爸爸"（拿起最大的熊），"你是熊妈妈"（拿起中号熊），"你是熊宝宝"（拿起最小的熊）。然后瑞秋走到货架旁拿出一个盘子放在熊爸爸的桌前，接着又从货架那里拿出第二个盘子放在熊妈妈的桌前，最后从货架拿出第三个盘子放在熊宝宝的桌前。接着，瑞秋从货架上拿出了不同大小的勺子。现在她和5岁的蒂芙尼在一起玩游戏，蒂芙尼告诉她，最大的熊要用最大的勺子，中号的熊用中号的勺子，熊宝宝用最小的勺子。"记住，就像劳伦给我们讲的熊故事那样。"瑞秋看了看蒂芙尼，又看了看勺子，然后随机地换了换每个熊面前的勺子。蒂芙尼紧接着将勺子重新按熊的大小顺序摆放好。瑞秋看了一会儿，然后走开了。

上述案例的观察中，在一堆玩偶和毛绒玩具里瑞秋仅仅选择了熊，展示了她的数学概念分类能力。此外,当瑞秋决定哪只熊最大,能扮演熊爸爸时,这一现象展示了她的排序能力——按照熊的大小从大到小排序。蒂芙尼将瑞秋随机摆放的勺子按照熊的大小重新对应摆放,这个现象表明蒂芙尼具有更复杂的排序知识。然而更重要的是,蒂芙尼用语言表述出怎样做才可以让每个熊得到合适的勺子。

正如我们从上文中看到的儿童游戏那样,儿童在有意义的、自然的、积极的学习经验中获得知识(Kirova & Bhargava,2002)。正如这些作者强调的那样,早期教育专家在为促进儿童的数学发展创造机会中起到了很大的作用,而互动可帮助儿童以有意义的方式来促进并拓展他们对数学的理解。

守恒:并非看起来那样

作为成年人,我们可能倾向于认为一些复杂能力的存在是理所当然的,比如我们推论数量以及数字概念方面的能力。我们知道怎么以不同的方式去计数以及做减法运算。守恒领域中最重要的能力是理解转换是如何改变事物的数量的(DeHart et al., 2004)。例如,正如我们成人清楚地知道,如果我们将小纸杯里的咖啡倒入一个大杯子里,虽然量看起来像变少了,但是实际上量没变。然而,如果我们往大杯子的咖啡里加入牛奶或者热水,那么量就有了变化或者说量有所增加。同样地,如果我们倒出大杯子里的一些咖啡,量也发生了变化或者说有所减少。其他关于转换的例子有,将一块饼干分成两半,这样它就变成两块了。处于前运算阶段的儿童可能会猜测饼干真的变多了或者数量真的增加了,因为现在有两块饼干。处于皮亚杰所说的具体运算阶段的儿童,则会清楚地知道一块饼干分成的两块和一整块饼干是一样的——它们只是外观发生了变化,但是总量相同。

因此，这个关键知识在儿童对守恒的理解中是相当重要的，包括知道哪些转换能够改变事物的数量，哪些转变又不能改变数量（DeHart *et al.*, 2004）。让我们通过皮亚杰的一个守恒实验来仔细思考一下其中的转变。

物质守恒

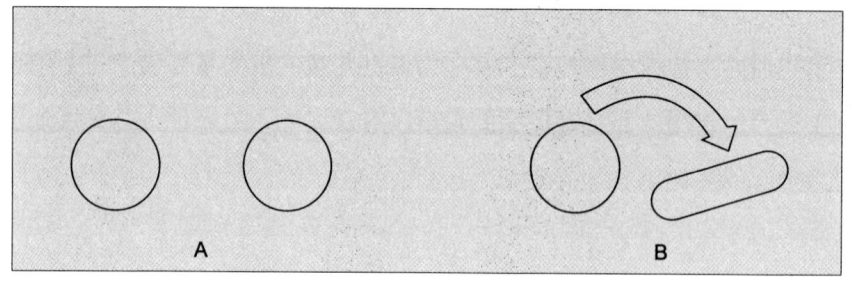

图8.2　物质守恒实验

> 研究者向马克斯（4岁）展示两个相同大小的橡皮泥球，并问马克斯"它们是一样大还是有一个橡皮泥比另外一个大？"马克斯回答说这两个橡皮泥一样大。然后，在马克斯的注视下，研究者将其中一个橡皮泥球揉搓成更细长的香肠一样的形状（见图8.2）。接着，研究者再一次问马克斯同样的问题："它们是一样大还是其中有一个橡皮泥比另外一个大？"马克斯（指着香肠形状的橡皮泥）回答道："这个大。"

有趣的是，尽管马克斯一直注视着变化的发生也目睹了橡皮泥球没有被添加或拿走任何一部分，他没有物质守恒的概念——换句话说，当橡皮泥的长度或宽度在变化时，马克斯并没有思考橡皮泥的数量。菲利普（Phillips, 1969）指出，一是因为没有添加或减去任何东西，这个橡皮泥香肠是可以变回原来的球形的；二是长度上的变化抵消了宽度上的变化，因此各种变化后的数量与最初的橡皮泥数量是一样的。

儿童思维的三种特征导致了儿童缺乏对守恒概念的理解。让我们花些时间来思考一下这三种特征。

可逆性

可逆性是指"能够变回最初状态"（Phillips，1969，p.60）。如果在数学概念中运用这个原理，可以说所有的数学或者逻辑运算都是可逆的，如下例。

> 如果晨间集体活动有5个幼儿，凯特也加入了他们，那么集体活动里就有了6个幼儿。如果凯特离开集体活动的话，那么这个活动就又重新变成只有5个人。

理解这个简单明了的转换以及可逆运算对于理解守恒概念是十分重要的。

中心化

中心化，或者集中化，是我们经常会碰到的一个概念。它是指儿童容易留心具体事件的某个方面或者细节。由于只关注事物的单一方面，儿童不能对事物的其他方面和细节进行信息加工。例如，在上例中回答球形或者香肠形橡皮泥的大小问题时，儿童仅关注橡皮泥外在的某一方面特性——香肠形橡皮泥的长度，而不是同时关注香肠形橡皮泥的长度和球形橡皮泥的直径。

形态和转换

在认知发展中处于前运算阶段的儿童倾向于注意一个活动的尾声或者结果,而不是达成这个结果的手段(DeHart et al., 2004)。事实上,马克斯最可能注意这个展示过程中所表现出来的一系列形态(橡皮泥卷成香肠形后看起来更大),而不是一种形态变成另一种形态之间的转换。正如菲利普(Phillips, 1969, p.64)指出的那样,"这就好像儿童在看一系列静止的画面而不是成人看的电影那样……他们不能将一系列的形态或状态串联成一个完整体——也就是说,他们不能转换"。

因此,守恒是指尽管事物的形式、形状或者外观变化了,但是它的总量是不变的或者说依旧保持。在接下来的章节中我们将介绍皮亚杰所提到的不同类型的守恒概念,以及用于评估儿童能力的相关实验。

液体守恒

在下面所描述的液体守恒实验中,具体运算阶段中年龄较大的儿童是理解守恒的——尤其是,即使水的形状有所变化,他们还是能够确定水的体积是没有变化的或者说它们是守恒的。因此,年龄较小的儿童也许只能关注事物的一方面——高度或者宽度——而不能注意到其他与之相关的信息。仔细回想那些只具备感知运动能力的婴儿逐渐吸纳事物的细枝末节——我们理解到这种知识的逐渐拓展在前运算发展阶段一直持续着。

• **细长玻璃杯中的水和短粗玻璃杯中的水** •

前运算阶段的儿童坐在桌边,成人将水从一个形状的玻璃杯倒入另外一个形状的玻璃杯。成人邀请儿童观看她将短粗玻璃杯中的水倒入一个细长的玻璃杯中的过程。没有漏水,也没有添水。

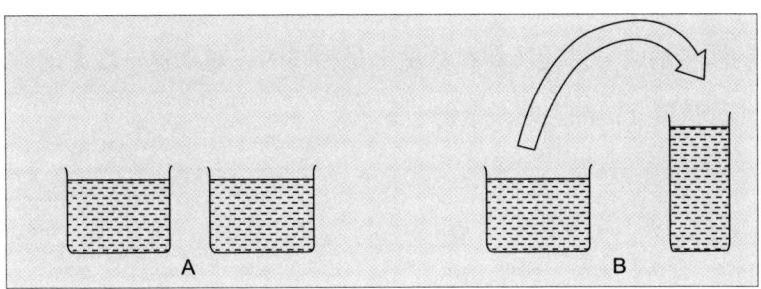

图8.3　液体守恒实验

成人问儿童："你认为这个玻璃杯里的水更多一些吗？你认为这个玻璃杯里的水更少一些吗？还是你认为这个玻璃杯中的水没有变？"典型的回答是，儿童会说细长玻璃杯中的水更多，因为他或她在整个过程中只注意到一个方面——玻璃杯的高度。然而皮亚杰发现，儿童在具体运算阶段能理解两个玻璃杯中的水是一样的，尽管外观变化了。

数量守恒

给儿童展示两排硬币，每排有7枚硬币整齐排列着，所以每排硬币的长度一样。儿童和实验者讨论这两排硬币，而一旦儿童承认每排硬币的数量是一样的，实验者就拉开其中一排硬币的长度，使这一排显得比另一排硬币长，然而两排硬币的数量仍然是相同的。当实验者再问儿童是这排硬币比另一排硬币多还是两排硬币一样多时，学前的儿童往往会很典型地回答说：长的那排硬币更多些。

年龄更小的儿童似乎还不太能理解外观上量的表面变化并不意味着数量的变化。例如，如果你有5个玩偶站成一排，你也可以把它们铺开围成一个圈，但这并不代表玩偶数量有任何改变。如果在数量上没有添加或者减少，那么这个数量就是不变的（也就是说它是守恒的）。围成一圈的玩偶与站成一排的玩偶在数量上是相同的，对于这一现象的领会是理解儿童数量守恒能力的一个例子。

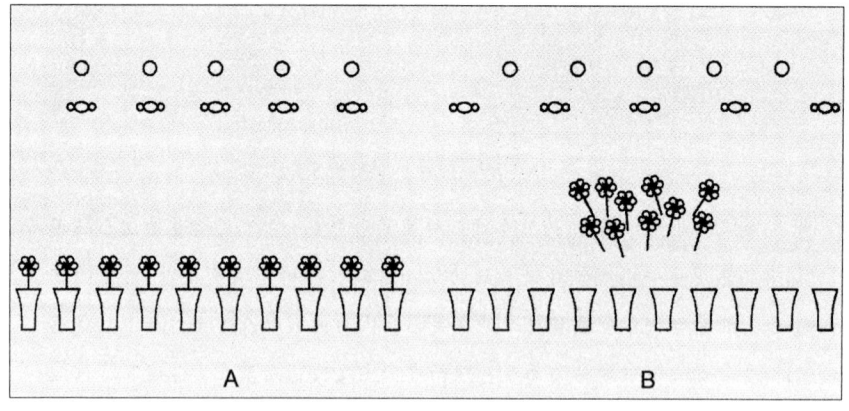

图8.4　数量守恒实验

回顾本章提到过的一些实验，例如在评估儿童守恒能力的时候，回顾这些儿童在任务中所碰到的一些特定挑战是很有趣的。德哈特等（DeHart *et al.*, 2004）指出，儿童被长排硬币的外观所迷惑，从而忽略了长排硬币无增加或者减少的事实。回想本章前文中所提到的，儿童缺乏去中心化的能力使得他们只能专注于事件的某一方面或者某一活动（在本案例中指每排硬币的长度）。这也可能表明，儿童可能因为成人在摆排方面的变化以及关于两列中是否存在变化的进一步提问而受到影响。鉴于儿童在去中心化和处理事物多重信息方面存在困难，那么他们很可能没有想到数量问题，而只假设变化肯定存在。

瑞秋·戈尔曼（Rochel Gelman, 1972）最近在进行一系列关于儿童数量守恒能力的研究。戈尔曼向儿童展示了两只盘子，一只盘子里放着两只玩具鼠，一只盘子里放着三只玩具鼠。这个实验以游戏的方式来进行，在这个游戏里儿童被告知他们正在进行一个叫作识别"胜利"盘的游戏。在实验的开始，研究者指着有三只玩具鼠的那只盘子说它会总是那个"胜利"盘。随后研究者邀请儿童揭开一个盘子然后判断它是不是那个"胜利"盘。每当儿童认出三只玩具鼠是"胜利"盘时，就能获得一个小的奖励。过了一会儿后，研究者或是拿走一只玩具鼠，或是摆近、摆远玩具鼠，以这样的方式对那个装有三只玩具鼠的盘子做出些许改变，即使是3—4岁的幼儿也能继续通过数量而不是老鼠队伍的长度来判定"胜利"盘。有趣的是，很多儿童未能注意这样的变化，但是几乎所有的儿童都注意到一个玩具鼠被拿走了。这项实验近期的一个变化是，实验者向3—4岁的儿童展示了两排巧克力，研究者并不问儿童哪一排巧克力比较多，而是问儿童他们想吃哪一排巧克力。结果发现，不管巧克力如何摆放，2岁的儿童都会选择吃多的那一排（Blakemore & Frith, 2005）。

德哈特等（DeHart et al., 2004）注意到，在戈尔曼的数量守恒实验中，所有儿童都按照某一规律去回答实验者的问题。所有儿童也表现出对以下现象的理解——添加意味着数量有所增加，拿走意味着数量有所减少。不同年龄段的儿童在使用这个规律时，其复杂程度和效果也是不一样的。三种不同类型的规律经鉴定如下。

> 原始规律（2—3岁）：年龄最小的儿童处于这一规律阶段，他们总是忽略每组物品的最初数目，并总会觉得如果一组物品数量有所添加，那么这组物品的数量就会比另外一组多一些，一组物品数量有所减少，那么这组物品的数量就会比另外一组少。
>
> 定性规律（4—5岁）：大部分4—5岁的幼儿处于这一规律阶段，他们会考虑两组之间的最初差异，但是不会细想它们之间的差异究竟有多大。这些规律集中于这些术语：少于、等于、大于。当最初两组的差别大于两个，这一规律会导致必然的误差。

例如，如果两组数量最初分别为5和7，然后给数量小的那一组再增加1，那么幼儿运用这一规律就会产生误差，说两组变得一样。

定量规律（6—7岁）：大多数年长的儿童在考虑两组之间最初差异的大小时会形成一个规律——那就是将数量也纳入考虑之中。这使得儿童能够始终给出正确的答案。

三种规律的运用依赖于数量守恒的发展。处于原始规律的儿童不能理解数量守恒，然而大多数处于定性规律的儿童似乎介于理解与不理解之间。处于定量规律的儿童会获得数量守恒概念。这一研究为皮亚杰的相关理论提供了支持，即儿童对数量守恒的理解依赖于他们对数字的综合理解。不管怎样，研究表明儿童获得数量守恒概念的年龄比皮亚杰认为的要早（Ginsburg *et al.*，1998）。

正如预料的那样，儿童对数量守恒概念的理解受他周围环境的影响。例如，来自墨西哥陶艺制作家庭的儿童，因为有着大量的操作陶泥经验，显示出比其他幼儿能更早理解守恒（Price-Williams *et al.*，1969）。

下面的文字摘自于阿诺德（Arnold，2003）的日记，她的日记记录着一个名叫哈利的儿童从出生到5岁的发展情况。她在记录活动中捕捉了一些幼儿的图式如何持续拓展，以及信息如何适应皮亚杰认知发展前运算阶段的最后几个子阶段的关键内容。在这段记录中，哈利的年龄是5岁5个月。

哈利想练习操作抽奖机，因为他刚刚努力记住了操作这个机器的所有步骤。一些图式在慢慢地整合。标记数字的奖券对应着每个参与者。所以，奖券和参与者之间有着"一一"对应的关系（Athey，1990，p.192）。盘子里的奖券和参与者手中的奖券之间就存在着更深层次的"一一"对应。一组奖券是"铺开"或"分散"的，另外一组则是"堆积"的（正如早期的"运输"行为）。两组数目是相同的（Athey, 1990, p.35）。标有数字的奖券是暗含"顺序"的（Athey, 1990, p.41）。哈利同样需要处理概率问题，即如果有5个人参与，每个人都有五分之一的机会获胜。

（Arnold, 2003, p.144）

儿童早期的守恒和计算能力

数概念的发展是儿童在学前阶段获得实质性进展的领域之一。说起数概念，我们指的是物品的现有数目，或者增加、减少并重新排列之后的数目（Ginsburg et al., 1998）。正如前文中我们所看到的皮亚杰守恒实验，数概念的理解对形成体积、大小以及数守恒知识有着很重要的促进作用。基洛夫和巴尔加瓦（Kirova & Bhargava, 2002）指出，建立在皮亚杰认知发展理论基础上的建构主义教学范式，创立了教育实践的理论框架，为儿童在与环境的积极互动中获得概念提供了支持。换句话说，建构主义教学范式给儿童提供了积极探索环境的机会，从而让他们建立起自己的知识体系。具体到数学领域，早期教育环境里的材料可以使儿童获得练习计算、主动热情地学习以及形成概念的机会。

我们可以用一段简洁的摘要来总结本章，儿童早期阶段里宝贵的亲身经验能够促进儿童的思维发展，正如瑞吉欧·艾米利亚教学法中阐述的那样。

> 儿童反复的亲身体验有利于他们对主题进行积极探索。他们对主题进行的思考比皮亚杰认为的儿童可以思考的水平更

高。然而，如果有人仔细阅读了这个项目的开头部分，那么他会看到处于前运算阶段的儿童所拥有的典型的奇思妙想。只有通过重复的调查并运用各种不同的语言去展示他们学习的过程，儿童才开始用不同的眼光去看他们周围的世界，并获得关于主题的更高水平的思考。

（DeMarie，2001，np）

对于教育实践的意义

处于皮亚杰前运算第二子阶段的儿童继续在思维、推理、材料探究以及数学思维等方面发展更复杂的能力。他们一直主动发起探索活动，用于扩展他们的现有知识。当他们发展至皮亚杰的前运算阶段，儿童能运用相应的智慧开展特定的任务。弗拉维尔（Flavell，1963）也关注着皮亚杰（Piaget，1955，p.139）所提及的关于"在早期前运算阶段中典型的死板、静态和不可逆的结构"正在"融化"，变成更灵活、动态、去中心化及可逆的思维运算。

（1）在认知发展的前运算阶段，符号思维和表征能力从始至终都在得到发展。与早期儿童教育环境里的儿童一起工作，为他们提供一些大型、小型的结构性玩具，并允许儿童探究这些材料，这些都给儿童很多机会去得出他们的研究发现，而最重要的是，他们会发现这些材料本身的用途，以及如何利用这些材料去做进一步的探究。梅（May，2011）认为，儿童会通过材料发展表征概念，例如他们会用家庭、动物和人类代表雨林、火车站、太空冒险等等，从而制造更多、更复杂的情节。

（2）通过游戏和日常活动，处于前运算阶段的儿童可以学到形状、大小、颜色、数量、高度、平衡和结构等概念，儿童早期的活动如下所述。

> 儿童用圆锥体进行建构。这个建构工作非常复杂，包含了数量决策和锥体空间安排，需要寻找一个适合的平面用于支撑下一层积木。儿童用盒子给这个建筑增加额外的高度，他们为建构的过程及最后的成品感到自豪和高兴。在这个活动中，儿童一起工作的同时也交流了意见，并整合了他们的技能。
>
> （Brennan，2004，p.32）

通过这些活动，年龄较小的儿童发展了口头描述不同形状、大小、颜色和位置的能力。这些儿童同样练习并巩固了他们对分组、加法、减法等数学概念的理解。而对大一点的儿童来说，促进合作性探究可以为儿童进行关于重力、平衡力及其他更复杂的科学概念的研究提供更高级的探究机会。

（3）在认知发展直觉思维子阶段，寻求活动的意义并寻找周围世界所发生一切的细枝末节对儿童的发展来说是非常重要的。儿童会不断地提问直到他们对得到的答案心满意足。儿童的思维过程和有效互动可以帮助他们找到适当的语言进行思考，并思考更为有效的概念问题（May，2011）。

（4）在认知发展阶段至皮亚杰的直觉思维子阶段后期的这段时间里，比较能力、分类能力等概念及更为复杂且具有组织层次的知识成了儿童认知发展的中心。尽管皮亚杰并不强调在前运算阶段出现了这些能力，但我们知道儿童在早期阶段已经开始具备这些能力。计算和分类能力在儿童早期阶段得以发展，并在更多、更具创意的条件下得到支持和提升。

梅（May，2011）提出了一个名为"同中有异"的有趣研究计划，描述了前运算阶段的儿童是如何在项目学习中探究他们周围环境中的事物的分类。

老师鼓励一些英国中部城市的儿童在他们的早教中心里思考并收集

材料，以便比较这些材料的异同之处。在收集这些"宝贝"时，儿童被鼓励以数量、形状、大小或者颜色等标准将这些材料分组归类。然而，活动的重点并不在于如何进行分类，而在于培养儿童的学习技能。这一活动中伴随的建议性语言如下。

"那块石头看起来最大。你能从小到大地排列这些石头吗？"

"这些叶子是一样绿吗？对我来说，这片看起来比较暗，那片看起来有点浅？"

（5）基洛夫和巴尔加瓦（Kirova & Bhargava, 2002）想引起人们对这些标准的关注，即学前儿童需要有探索世界、在游戏中体验并获得数学知识的机会。作者列举了这个标准中引发的一些问题。

● 游戏及游戏材料是如何促进儿童学习初级数学概念的？

● 作为学习的促进者，早教工作者如何在活动中引导儿童进一步建构数学概念？

● 早教工作者如何为每个儿童提供按个体进度学习的机会？

游戏、日常活动及经验，可以提供机会让儿童研究数学思想、运用数学词汇、强化数学知识（Stafford, 2012）。游戏、日常生活及经验中所涉及的数学概念，可以培养儿童对数学学习的积极态度。早期教育专家通过帮助儿童建立一一对应、分类和排序的知识结构，促进儿童的学习及对数学概念的理解；通过提供有趣的资源和机会，支持儿童学习关于排序、模式、形状、空间和测量的知识（May, 2011）。

（6）语言在儿童理解数学概念的过程中起主导作用，在上文所提到的许多观察实验中也突出体现了这一点。基洛夫和巴尔加瓦（Kirova & Bhargava, 2002）指出，为了帮助瑞秋的行为知识能够发展至表征知识，老师劳拉非常小心地使用了和配对、一一对应概念有关的语言表述。早期教育者可以效仿这些数学语言和数学探讨的方式（Stafford, 2012）。

CHAPTER NINE
The concrete operational world

第九章
具体运算阶段的世界

皮亚杰用术语"具体运算"来描述儿童关于具体、有形的事物和过程的逻辑思维。在本章,我们将回顾前两章介绍的一些概念,并在此基础上做进一步阐释。具体运算阶段关注的是7—11岁儿童的认知发展特点,不再是儿童早期。为了更好地阐明儿童在儿童中期思维的变化与发展,我们将重点关注皮亚杰理论中有关具体运算思维的概念。皮亚杰认为,7岁是儿童认知发展的里程碑时期,它伴随着前运算思维向具体运算思维的过渡,也是儿童认知发展的转折点。然而,最近有许多研究者指出,这个过渡不是皮亚杰认为的那样,它不包含认知能力上的重大转变(DeHart et al., 2004)。于教育者而言,为了更好地支持儿童学习中逐渐增加的复杂性,理解儿童中期及后期思维的发展过程是非常重要的。我们将通过事例阐明,儿童在幼儿园和小学环境中，日益提高的分类和排序能力。在我们深入探索儿童在具体运算阶段认知发展的细节之前，让我们停下来思考一下这个术语的含义。

"具体运算"是什么？

奥斯华尔特（Oswalt，2010，np）在下文中对儿童在具体运算阶段的一些关键特征进行了清晰的概述。

> 在皮亚杰式的思维方式中，心理运算是指能准确地猜想事情结果的能力，在这一运算过程中，事情不需要真实地发生。在心理运算过程中，儿童猜想的"假如"情节，包括了他们将对人、物、地方和世界等的经验转化为心理形象。执行心理运算的能力是运算的一个好例子。处于这个年龄的儿童能掌握增加、减少和相似的运算，从而可以告诉你，盒子里有5块饼干，如果他们吃了1块饼干，那盒子里还剩下4块饼干。重要的是，他们可以不用真正吃1块饼干，就能算出盒子里剩下的饼干有几块。他们可以在头脑中建立饼干盒的模型，那个头脑中的饼干盒能对运算起促进作用，帮助儿童不用真实地操作就能得到答案。

为了帮助我们进一步理解具体运算思维到底是什么，伍德（Wood，1998）强调了心理活动思维和心理运算思维之间的不同。虽然心理活动包含着对单一活动结果的理解（就是说如果我们移动硬币，这一排硬币的长度会变得长一点或短一点），另一方面，心理运算是在综合协调其他合乎逻辑关系的运算上，组成思考和解释系统的一类行为。思考系统也叫"心理规则",在运用过程中能整合不同的情境。在具体运算阶段,这个心理规则可能指的是"外观上的变化可能是假象",而另一个心理规则可能指的是"如果没有增加或减少任何东西,两个或者更多的数量集保持不变"。

> 能同时理解事物的各个方面是思维系统的一部分,这建构了具体运算的智力。
>
> （Wood, 1998, p.56）

从前运算阶段到具体运算阶段过渡的一个关键特征是,儿童渐渐地去中心化,理解世界的事物也不再仅仅只凭直观感受,而是在对一些中心化行为进行调节的基础上去判断。在具体运算阶段,加法、减法、乘法和除法这样的运算开始变得容易起来（Wood, 1998）。现在,儿童有操作加法、减法和相似运算的能力。而我们在前几章中介绍过,在儿童早期,这些能力开始发展,而在具体运算阶段,它们有了更精确和更深层次的发展。当埃莉莎（7岁）和杰克（6岁）在一起玩拼图时,他们之间的对话阐明了这一点。

> 埃莉莎:好了,这块拼图放在这里是对的。我们还需要多少块拼图?
>
> 杰克（数空格）:1,2,3,4,5……我们还需要5块拼图。
>
> 埃莉莎:5块……好的,那我们找5块拼图……但是没有5块拼图了……这里只剩下3块拼图,所以肯定有2块拼图弄丢了。

埃莉莎非常容易地算出了有多少块拼图弄丢了——她快速地用5减

掉3得出丢了2块拼图，很容易地操作着这个减法运算。有趣的是，埃莉莎是在头脑中算出来的。她不需要利用具体事物去计算5块减去3块，而是能进行心理运算，得出正确的答案。把这些策略和思维系统叫作"具体的"是因为儿童只能应用于即时呈现的对象。就像儿童对对象和事物的表达是有限的，这些表达是有形的和具体的，所以儿童对事情结果的理解和认识的范围更为具体。

我们看过前运算阶段的儿童计划和完成活动。我们在具体运算阶段看到的发展是，儿童想象他们活动结果的能力日益增长，而这些活动是没有实际发生的。在这篇名为《揭秘早期教育中小小工程师的工作》的有趣的文章里，充分阐述了儿童在前运算阶段的思维与稍大儿童在接近具体运算阶段的思维的不同之处（Van Meeteren & Zan，2010，np）。

> 在儿童专门创造的坡道建筑里，他们逐渐开始理解这些建筑好像是一系列的子系统，如果搭建一个调节器，就能带动其他的子系统。明显地，儿童还没有将他们的建筑看作一个子系统。例如，当3岁的幼儿移动一段弯型模具的尾部，将它移到左边或者右边，这样它就和下一个子系统排成一行。但是这个子系统尾部的移动导致了其他子系统往相反方向移动。学前儿童常常对此感到吃惊和困惑，只有经过多次体验，他们才开始认识到这种情况什么时候会发生。

在前运算阶段，年龄较小的儿童的思维专注于建筑的一个方面，并且努力地将一个子系统和另外一个子系统排成一行。然而，他们还不能进行心理运算，也就是说，如果你朝特别的方向向前移动一块木块，那么另一块会向相反方向移动。通过几次对这个活动真正的实践，其中一些处于前运算阶段的幼儿会理解他们的活动结果。让我们再回顾一下这个建筑活动是怎么开展的。

> 从下文可以明显地看到系统思维，例如，儿童努力让一个弹珠拐弯（这是多数儿童想在建构过程中的某些时候做的事情）。解决转角问题的一个方案是，举起第一个坡道的起始端，然后在尾部放一块积木，这样可以让弹珠滚到下一个坡道。弹珠滚到积木上时，如果弹珠的力量过大，弹珠就会从第二个轨道弹开。要想成功，就要协调第一个坡道的倾斜程度，以及积木和第二个坡道的位置。也就是说，儿童可以降低第一个坡道的倾斜程度，这样就可以减慢弹珠的速度，当它弹到积木的时候，速度没有很快，就可以轻轻地滚到第二个坡道。

大龄儿童会进行观察，并运用具体运算思维去解决问题，如果他们调整第一个坡道的倾斜程度，他们可以保证弹珠在积木上反弹的速度不会过快，这样弹珠就能进入第二个坡道。

前运算阶段到具体运算阶段的历程

在从前运算阶段向具体运算阶段的过渡中，儿童认知能力上很多非常重要的变化和发展开始变得明显。这些变化包括下面的一些内容。

- 儿童逐渐增强的去中心能力——注意事件的多方面，帮助儿童获得更系统的逻辑思维能力。
- 有区别浅在外表和内在现实之间的能力。当儿童开始理解数量、大小、重量和体积守恒的概念时，他们能更好地说出似乎会发生什么和实际上发生了什么之间的不同。

- 对环境的认识和理解成为特定领域，允许儿童在他们有经验的特定领域建立专门知识。
- 注意和记忆能力开始更精确和有所选择。

下面的文字阐述了这些能力，在这段文字中，我们会看到处于前运算阶段后期的妮可正在计划建构她的房子。

> 妮可用了一个箱子。最开始，她努力将箱子安装在桌下，接着又翻动箱子，让箱子面朝外。她坚持着这个姿势。当唐纳夫经过的时候，她请他帮忙："你能扶住它一会儿吗？"唐纳夫答应了。她一下拿了两把椅子过来，然后她巧妙地用整个身体把椅子顶进去。她对空间和大小的感觉告诉她，这两把椅子支撑箱子很合适，结果还真是——正好。
>
> （Brennan，2004，p.6）

妮可在学习大小、空间、密度、支撑结构和可操作性——她可以思考一个动作是否能成功，而不用提前完成一遍动作。在具体运算阶段，许多概念变得更精确和更复杂，已经开始脱离前运算阶段。在接下来的章节中，我们将简单回顾一下这些新兴的能力。

守恒

前几章介绍过守恒概念。在童年中期，儿童理解守恒概念的能力有所改善和发展，这与下列概念的发展相关。

去中心化（Decentration）：能够注意到某一个事件或活动中一个以上的特征。

思维活动或心理活动可逆性（Reversibility）：对必然的逻辑运算理

解，就像加法可以用其他方法逆转，例如减法。

递移推论（Transitive inference）：为得到结论，有逻辑性地整合各种关系的能力。稍后我们将会在本章继续讨论这一概念。

处于前运算阶段的年龄较小的儿童，思维模式上的局限之一是，他们对发生的事件的理解与其说受到实际情况的影响，不如说取决于他们认为发生了什么。正如我们多次指出的，幼儿对表面的注意超过了实际的情况。尽管目击了没有增加或减少任何一点，但是他们仍然觉得一个玻璃杯里的液体多，因为这个玻璃杯比原来的玻璃杯高，这样的感觉影响了他们对实际情况的理解。

所以，在认知发展的具体运算阶段，儿童会学习克服我们称之为表象-现实的问题。

> 结束了操场上的户外游戏，准备回到室内前，朱莉（7岁）在排队等候。当大家在队伍里等待的时候，一些儿童走到队伍的外面，这个队伍开始变得弯弯曲曲。当教师要求儿童再排好队，站成直直的一列时，这时队伍看起来变长了。然而，朱莉知道，尽管队伍看起来比之前的长一点，但实际上儿童的数量还是一样的，而且在她回到教室后这个数量仍然不变。

儿童不再被浅显的表面所迷惑，例如，当同样多的水从一个矮胖的玻璃杯倒进一个细长的玻璃杯中，水会看起来比之前多。皮亚杰预估儿童在5—6岁最先获得数量守恒，随之而来的大小守恒大概在7—8岁左右，完全理解液体守恒则在10—11岁左右（Fisher & Bullock，1984）。

图9.1提供了多种不同的守恒概念实验的汇总。

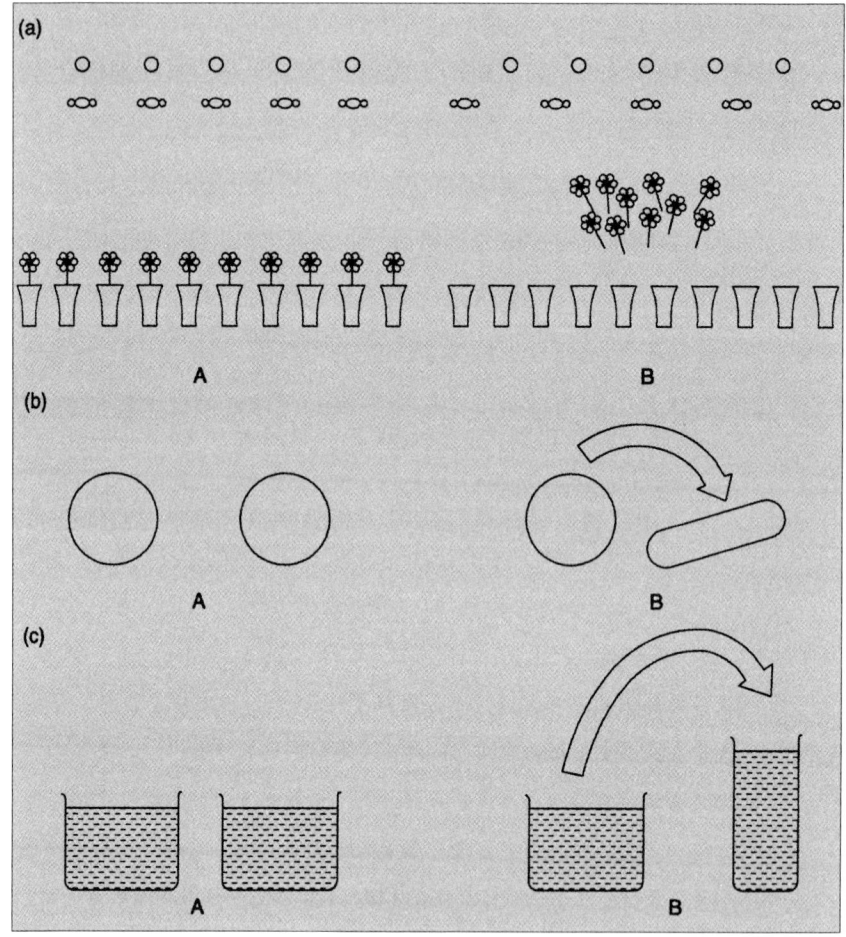

图9.1 守恒任务

皮亚杰认为,为了建立守恒理解,儿童必须具备如下两种特定类型的知识。

偶然真理(Contingent truth):这种知识建立在我们观察到的是真的的基础上——我们感知的是正在发生的事。

必然真理(Necessary truth):除了通过感觉整合信息之外,这种知识建立在逻辑的必然性和对心理运算的加工的基础上（Inhelder & Piaget, 1964）。

> 苏西（3岁5个月）闭起眼睛，开始不停地旋转。当她睁开眼睛，感觉世界还在继续旋转。她看见房子围着她转，她开始害怕了，因为这不是一种令人愉快的体验。苏西的反应基于偶然真理——实际上她是用感觉来感知，而不是运用必然真理，后者可以让她知道房子并没有旋转，旋转的感觉事实上来自于她自己。

皮亚杰相信，儿童守恒概念的发展是因为儿童逻辑能力的发展，这种能力帮助儿童综合各种不同的情况去理解守恒。然而，我们知道这里有一个皮亚杰所说的水平滞差（发展迟滞），它明确地说明这些能力是怎样出现的。简而言之，水平滞差导致了这样一个事实：儿童理解数量守恒比他们理解液体体积守恒早。皮亚杰认为这个滞差的发生是因为儿童是在不同的环境中体验物质世界的——社会、文化、教育——这些环境可能提供部分儿童先于其他儿童探索材料性能的机会。

理解守恒的顺序

皮亚杰认为，在儿童中期（即6岁和6岁以上），儿童对守恒概念的理解将会得到充分发展。皮亚杰还强调了这样一个事实，儿童对各种守恒概念的理解不是同时发展的，而是在不同的时间发展对不同概念的理解。德哈特等（DeHart *et al.*, 2004）提出一个有洞察力的见解，指出儿童的思维是如何为了充分理解液体容积守恒的概念而经历了不同的发展阶段。他们强调，当儿童仅注意他们看到的过程中的一个方面时，他们会受浅显表象的迷惑从而忽略事实。

阶段 1（3—4 岁）：

在这一阶段，儿童没有理解守恒的概念，是非守恒者。他们坚定地根据玻璃杯的高度去判断液体的多少。非守恒者依赖于一个特定的规则，排除其他信息，从而无法有更完整的理解。他们依赖这个一致的规则去评估数量——液体的水平线越高，容器内的液体越多。在这一阶段，儿童看起来非常有把握，并且相当满足，因为他们认为他们的判断是正确的。

阶段 2（5—6 岁）：

在这一阶段，儿童进入了理解体积守恒的过渡期。他们变得不确定，对自己的判断也不确定。当被问：液体的容积是否没变？在外观上发生的变化是不是液体增加了？他们最开始可能会认为高一点的杯子有更多的液体，但是也可能会怀疑另外一个玻璃杯的水是不是会多一点，因为它比较宽。这样他们可能会考虑这个事实：如果水又倒回了原来的玻璃杯，数量可能会再次相等。德哈特等（DeHart *et al.*, 2004）指出，在这一阶段，儿童的不确定可以解释为，他们现在能够为理解守恒提供更多的信息。

阶段 3（7 岁及以上）：

在这一阶段，儿童完全理解了守恒，他们能快速、自信且正确地回答问题。对这些儿童来说，答案是明显的，他们可能觉得年龄较小的儿童的回答是愚蠢的。这个能力是过渡到儿童中期的一个认知标记。下列四个判断是这一阶段儿童的典型答案。

补偿性（Compensation）："这个高一点但是细一点，那个矮一点但是粗一点，所以这两个是一样的。"

可逆性（Reversibility）："当你倒回去的时候，它会再变成一样的。"

同一性（Identity）："这一直是同样的水。"

不增不减标准（The nothing added or subtracted criterion）："你只是把它倒进了不同的玻璃杯。"

当我们探寻与儿童理解守恒的能力相关的一些关键特征和能力时，以下要点是值得思考的。

● 处于认知发展前运算阶段的学前儿童，他们能在某些方面的守恒实验获得成功，在具体运算阶段，这一能力会变得更精确（从7岁开始）。

● 儿童能对他们在实验中的反应做出解释，用我们叫作必然真理为基础的解释来说明。

● 在具体运算阶段，儿童对守恒概念有了稳定的理解，能很好地完成小学的一些数学运算作业。

● 处于儿童中期和认知发展具体运算阶段的儿童，在元认知方面有着有效的改进——有效思考他们自身知识和思维过程的能力。

演绎推理

戈斯瓦米（Goswami）定义人类推理是"涉及处理已有信息得出新结论的心理活动"（Goswami，2011，p.399）。作者继续对主要的两种不同类型的推理进行了区别：归纳推理和演绎推理。归纳推理涉及运用详细的信息或者知识去概括一些事件——例如，我们可以回想一下天才婴儿在第一年，可以从感应特殊的情况到感应更多的普遍现实。有一个归纳推理的例子是儿童通过学习用勺子敲击一个锡制的盒子发出响声，知道了用一个硬的物体击打另一个硬的物体能制造出大的响声。

另一方面，演绎推理涉及从现有信息中推断出一个新的信息。演绎推理的一个方面是递移推理——基于信息中的人和物的关系，推断关于某人或某事的新信息。

皮亚杰指出，处于认知发展的具体运算阶段的儿童获得运用递移推理的能力在6—7岁。然而，稍后的研究认为处于前运算阶段的儿童不太能用递移推理，这是因为他们记忆力不够而不是受逻辑推理的局限。当4—5岁的儿童受到关于记忆关键信息的训练后，他们就能进行递移推理（Phillips *et al.*, 2009）。值得注意的是，戈斯瓦米（Goswami, 2011）关注了一个事实，即儿童进行演绎推理的能力深受问题的性质及其所发生的的情境影响。换句话说，如果儿童对正在探索的概念非常熟悉，那么他们在归纳和演绎推理的测试上会表现得更好。

层次分类

在具体运算阶段，儿童逐渐发展起来的分类能力、将信息归类的能力同样受到了皮亚杰的高度重视。在前面的章节中，我们提到儿童运用一个基本方法进行物品分类的能力，这种能力在儿童时代开始得非常早。儿童可以收拾书、积木、拼图和多种多样的玩具，并将它们放回原处。这表明儿童在3—4岁就可以运用一个基本方式进行分类和整理物品。进入儿童中期后，儿童的这些能力大有提高，他们能够进行更加复杂的分类工作，如层次分类，也能根据不同的抽象水平理解某种概念，例如从非常具体的"狗"的概念，到非常一般性的"动物"的概念（Hethering & Parke, 2003）。在7—10岁具体运算阶段，儿童将事情进行分类分层的能力在继续发展。对即将在幼儿园里接触到科学概念的儿童来说，这些逐渐完善的能力对层次分类能力的养成非常有意义。他们还能够对事物进行比较和分类，例如，他们能够在认识动物或植物的基础上对生物进行分类，这些对儿童来说非常有用。

德玛丽（DeMarie, 2001）观察从早期的前运算阶段到具体运算阶段的 3—12 岁的儿童，在报告中记录了他们的异同表现。通过下面的例子"动物园旅行：儿童的话和画"，我们来分析儿童在活动中展现的能力。

- 超过 80% 的 6—12 岁的儿童拍摄的照片中有动物，而只有 56% 的年龄更小的儿童如此。
- 处于前运算阶段的儿童最有可能去拍一些常见的动物（例如花鼠），然而处于具体运算阶段的儿童所拍动物的种类非常广泛，还包括稀有动物，例如一只红熊猫。
- 处于具体运算阶段的儿童能够注意并了解常见动物与不熟悉的动物的特征。
- 处于前运算阶段的儿童更有可能去拍摄一些动作画面（例如游泳，抚摸动物）。他们也会去拍摄云、草坪，以及一些与动物园不相关的事物。
- 处于前运算阶段的儿童似乎需要多次处于陌生环境中，才能记住该场景。
- 儿童仅在具体运算阶段后期（如 10—12 岁）才能理解抽象概念，如保护动物的必要性。

排序

在认知发展的具体运算阶段中，儿童将会继续发展一种能力，即根据数量或者大小将材料整理成系列。排序的前提是具有数数的能力。排序技巧是儿童理解学校科目的基础，特别是数学和科学。然而，正如我们在前文中提到的那样，在日常生活中，儿童会用基本的排序能力整理他们的玩具，例如，儿童把他们的玩具按照从小到大的顺序整理好。在之前的章节中，基洛夫和巴尔加瓦（Kirova & Bhargava, 2002）提过的一个案例，已经清晰地阐明了儿童的排序能力。瑞秋可以分配适当大小的泰迪熊扮演"熊爸爸"和"熊宝宝",这对蒂芙尼来说非常容易,她还能挑选最小的勺子给"熊宝宝",选最大的勺子给"熊爸爸",更进一步演示了她对物品按照从小到大的顺序排列的理解。阿诺德(Arnold)让我们通过一些实例,发现儿童在儿童早期出现的排序能力,以下是他记录的哈利(5岁零5个月)的成长过程。

> 哈利谈到爷爷看起来比社区中心一个70岁的男人老一点;爷爷和奶奶的体型一样;我比娜拉(他说"她非常瘦")胖。我说我房间的一些东西比较小。他说"妈妈的房间比这个大"和"爸爸的房间肯定比你的大"。
>
> (Arnold, 2010, p.100)

当儿童处于皮亚杰认知发展的具体运算阶段时,在学校生活中,常常会被要求在更复杂的情况下使用排序能力,特别是在与数学和科学学科相关的材料上。

注意和记忆

从前运算阶段过渡到具体运算阶段有两个重要的特征,分别是在儿童注意力和记忆能力上的重大提高。正如我们在前几章看到的那样,儿童渐渐地从只能关注事件或活动的某一个方面,发展到能同时整合大量信息。一些研究支持这种理论,更详细地关注儿童能力的发展,即在跨过儿童早期步入儿童中期时处理日益增多的信息的能力。

米勒(Miller, 1990)完成了一个有趣的研究,他比较了4岁儿童和8岁儿童注意和浏览信息的能力。低年龄儿童倾向于浏览更多的信息,比他们完成一个特别的任务所需要的更多。向儿童展示12张图片:6张动物图片和6张家具图片。这些图片和窗户一起装在木板上，每扇窗户里都有一张图片。

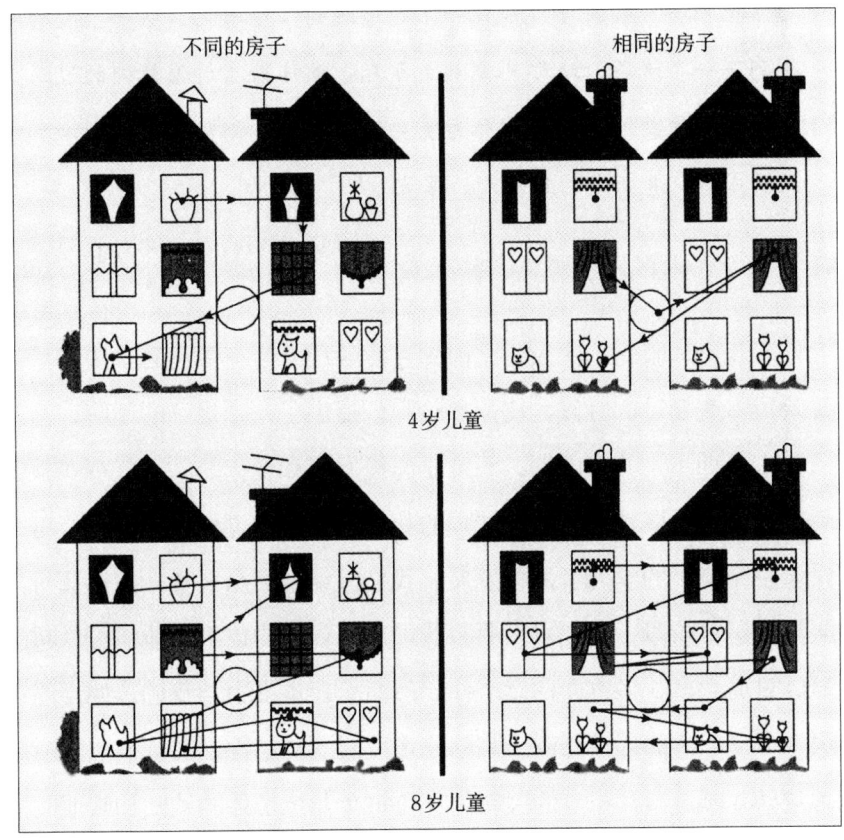

图9.2　4岁和8岁儿童的注意力和浏览模式

儿童被要求只用记住动物图片。高年龄儿童只打开用窗户覆盖住的动物图片。另一边，低年龄儿童不运用选择行为，他们不能直接用一种有组织且有效的方式去注意。他们选择打开所有的窗户而不是只选择被窗户盖住的动物图片（Miller，1990）。上图9.2中同样阐明了4岁和8岁儿童在被要求辨认两组房子的异同时的浏览模式。

从幼儿园到小学的过渡

把儿童发展的含义视作一系列递进的心理转化,从一个阶段到下一个阶段,从婴儿期到成年期,意味着在讨论最佳的过渡时期,这些阶段可以被称为重要的参照点,例如,从家到幼儿园或者从非正式的到正式的课程。

(Vogler *et al.*, 2008, p.5)

许多儿童体验的正式学习之前的过渡阶段发生在前运算阶段和具体运算阶段"交会"的时候。皮亚杰给我们提供了一个更好的理解,当儿童从儿童早期步入儿童中期,思维是怎样发展和变化的。这些观察报告告诉我们,教师应该理解儿童知识的获得和建立的过程,以便支持每个儿童像一个能干的学习者那样发展。我们已经看到当儿童从前运算阶段步入具体运算阶段,他们可以更有效地加工复杂的信息,他们可以超越浅显的表面角度,多方面注意事件。然而,在本书中,我们从始至终都在强调,皮亚杰的理论倾向于高估儿童发展的普遍性,并且我们知道成功地从幼儿园过渡到小学的关键是支持每个儿童个体的认知和其他的能力发展(Fabian & Dunlop, 2007)。

对于教育实践的意义

我们在本章中提到的许多资料与信息关注的对象是学前期之后的儿童,那些更加年长的儿童。无疑地,当我们在探讨认知发展阶段较后面的内容时,对于早期教育工作者研究儿童的意义是不明显的。在接下来的段落中,我们将关注一些对皮亚杰具体运算阶段的认知发展的反思。这些为数不多的核心信息可以帮助我们理解今天应当如何更好地支持儿童在幼小衔接甚至未来学习中的认知发展。

● 当我们结合皮亚杰认知发展的具体运算阶段来考虑儿童的思维时，我们可以看到儿童思维从基于具体和真实经验的理解发展到更加抽象的心理推理时所发生的巨大进展。牛津大学的席尔瓦（Sylva）教授在她的EPPE研究结果中已经证明，学前教育可以有效地促进儿童的认知发展（Sylva et al., 2004）[①]。该研究指出，接受过学前教育，尤其是高质量的学前教育的儿童与没有上过幼儿园的儿童相比，在认知发展上存在着巨大的差异。高质量的学前教育在认知发展上产生的效果在儿童7岁时都非常明显。

● 皮亚杰的具体运算阶段再一次强调了儿童在与物质的、具体的世界相互作用中学习的重要性。尽管现在儿童能更好地运用心理运算来建立和加工对周围世界的感知，在皮亚杰的理论中仍强调继续提供儿童操作和探索的机会，满足儿童的需求。当我们为儿童提供促进他们在这个真实世界中的学习情境时，儿童会持续不断地构建自己对客体的知识，并且对这些客体的具体属性越来越熟悉。

● 皮亚杰在认知发展的具体运算阶段中强调，要为促进儿童形成系统性和整体性的思维方式提供机会。童年中期儿童能力发展的相关研究一直强调创设一个能够让儿童参与规划、设计和建构的环境的重要性。与皮亚杰的建构主义原则一致的是，在儿童早期和中期不仅要为提高数学和科学能力提供机会，还应通过协商、决策和达成共识等方式促进和支持儿童社会情感技能的发展。由实地研究和浸入式体验而激发的学习使得儿童在与同伴、环境进行身体方面的互动的同时，进一步促进了儿童理解力的发展。

[①] 译者注：牛津大学的席尔瓦教授曾于2016年参加了在福州举行的中国学前教育研究会年会，并为大会做了关于她的EPPE研究的主题报告。相关研究可以阅读她的著作和论文《学前教育的有效性》等。

- 我们看到在皮亚杰的具体运算阶段中儿童特定领域专业知识的发展。换句话说，儿童在他们自己特别感兴趣的领域可以成为专家。而我们知道这些能力是在认知发展的前运算阶段慢慢形成的。鼓励年幼儿童形成自己的兴趣并发展支持这些兴趣的相应能力的重要性，是我们与在具体运算阶段的年幼儿童一起工作时所得到的重要信息。下述的观察报告——幼儿园的孩子们在齐心协力地进行壁画工程，其中杰克在壁画上画了一个太阳——描述了关于年幼儿童兴趣和专长的信息。

> 杰克是一个积极的学习者。他善于自我规划与自我管理。他能够集中注意力，坚持不懈并自豪于自己的工作。这些都是高成就者的特征。而这些学习品格，是我们这些儿童教育工作者所愿意去支持的。
>
> （Brennan, 2004, p.10）

- 在逐渐正式的教育情境中，儿童在发展至儿童中期时，分类、守恒、排序以及一一对应等概念是理解并处理数学概念的重要基础。我们知道这些概念在儿童早期已经开始出现，并在之后的认知发展前运算阶段和具体运算阶段进一步得到细化。爱德华兹和奈特（Edwards & Knight, 2011）强调了在具体运算阶段中持续促进儿童的探索学习模式的重要性，并建议教师指导学生专注于显著特征，忽视不相干特征，通过主动进行教室测量来学习数学概念。

CHAPTER TEN
The formal operational world

第十章
形式运算世界

当我们开始思考皮亚杰认知发展的最后一个阶段——形式运算阶段时,我们也开始意识到从儿童早期的思维开始,我们经历了一段多么漫长的旅程。在这个认知发展的最后阶段,皮亚杰关注抽象、逻辑和理性思维的中心地位。皮亚杰认为形式运算阶段始于11岁左右,本章将对该阶段的关键性发展做出概述。青少年的思维是抽象的,从这个意义来说,他们可以在心理层面上加工信息,而不需要依赖这个信息的具体存在。青春期的思维是有逻辑性的,青少年可以系统地验证一个问题的替代解决方法。皮亚杰称这种思维为假设演绎推理,即提出假设,在头脑中展开丰富的想象,并基于这些心理实验得出结论的能力。形式运算世界中的思维与儿童在儿童早期和中期的思维显然具有质的不同。关注认知发展的形式运算阶段,让我们更加深入地了解到成年人的思维与儿童式思维的差异。此外，了解人的思维从婴儿期到青春期各阶段的发展过程，有助于我们了解如何能够支持和提高儿童早期的思维和发展。

形式运算世界概述

根据皮亚杰的观点，形式运算思维大概在11—15岁之间形成。根据皮亚杰的理论，这种思维最显著的特征或许就是，为了对我们周围世界的事件进行想象、反思和得出结论，我们不再依赖于具体的世界。回想第五章的内容，我们已经描述了客体永久性的概念。客体永久性是即使我们不能再看到某个物体，但理解物体仍然存在的能力。皮亚杰通过详细观察他的小女儿杰奎琳和她对皮亚杰在她面前玩弄的橡皮鸭消失不见的反应，阐明了这个概念。因此，本书我们从皮亚杰的认知发展阶段开始，描述了非常聪明的婴儿设法去理解这个不断发生变化的奇异世界，但是他们的理解能力局限于当下与此刻——具体的、变化的和可感知的物理世界。下面我们将集中注意力于形式运算思维的一些关键特征上。

假设推理

在形式运算世界，青少年可以通过想象和假设在脑海中呈现他们自己的世界。形式运算思维涉及考虑假设的可能性并对这些可能性进行逻辑推理的能力。进一步脱离在具体的世界中验证事物的需要，形式运算世界中的思维包括能够考虑几种可能性之间的逻辑关系，或是从抽象的陈述中推断出结论（Smith *et al.*, 2003）。

在皮亚杰认知发展的形式运算阶段，我们能够考虑无限的可能性和后果，而不必参与导致这些后果的行动。皮亚杰把这种思维称作假设演绎推理（Santrock, 2011）。换句话说，青少年现在可以用一种更加科学的方式思考问题，通过制订解决问题的计划和系统性地验证一个问题的可能解决办法，来确定最佳的可能性。

理想主义

用一种理想主义的方式思考事物的能力与考虑无限可能性和概率的能力的发展相关。当你能够更有效地思考一项行为的后果时（包括你的行为的道德后果），便有可能发展更加精确和复杂的理念标准来指导你的行为和思想。与形式运算思维相联系的重要发展之一便是能够反思你自己的个性并追求理想自我。在形式运算世界，个体能够把自己和许多其他人进行比较，从而调整和改变他们的行为，以符合心中的理想自我的概念。

自我与认同

皮亚杰对青春期的认知发展做出的描述，与青春期的其他理论相联系。例如埃里克森的心理社会发展阶段理论，在这个理论中，认同的实现被视为青春期的一个重要里程碑。在能力方面，思考自己并把自己与其他人进行比较的能力有助于自我认同感的发展。在儿童早期，儿童倾向于用具体的语言描述自己和其他人。例如，他们的描述可能集中于头发的颜色、身高和快跑的能力等身体特征上。当儿童进入童年中期时，即处于认知发展中的具体运算阶段时，儿童能够更好地以涉及内部状态和品质的抽象术语描述自己（Hetherington & Parke, 2003）。在形式运算时期，青少年能够利用更加抽象的品质并能协调和整合某些矛盾的品质来思考自己。

回归自我中心

在皮亚杰认知发展的各个阶段，我们多次遇到"自我中心主义"这个术语。从一开始，我们注意到婴儿在他们早期的行为中是自我中心的，而当他们进入认知发展的前运算阶段时，则能够更好地站在他人的角度看问题。通过感知运动、前运算和具体运算阶段，儿童变得不那么自我中心，并发展出去中心化的能力——同时集中于一个事件的多个方面。我们也看到了儿童是如何逐步地发展以他人的角度看问题的能力，以及如何能够更好地理解他人的思想、愿望和信念。形式运算思维为青少年提供了想象在某些情况下其他人可能在思考什么和他们可能会如何表现的能力。矛盾的是，这种在形式运算世界中日益提高的理解他人在一个特定情况下可能如何思考或感觉的能力，又可能导致青少年的自我中心观念（Elkind，1967）。

对我们而言，区分"自我中心主义"这个术语被用于儿童早期和青春期之间的不同是很重要的。与学步儿和学前儿童的自我中心思维对比，青少年的自我中心主义并不意味着青少年不能站在他人的角度看问题，这仅仅意味着拥有了用一种更复杂的方式思考自己和其他人对自己的看法的能力。青少年变得更具自我意识，倾向于把他们的注意力集中在自己身上。

元认知

元认知是对思维本身进行反映的过程。在形式运算世界，青少年发展出更有效地思考他们自己在思考什么的能力，可以更好地评价和监控他们自己的思维过程（Edwards & Knight，2001）。这些能力开始于儿童早期，例如在高瞻课程和瑞吉欧·艾米利亚方案中，通过鼓励幼儿在他们的学习中制订目标，并对这些目标的实现情况进行自我监控和自我评价，能够支持这些能力的发展。在制订灵活有效的策略方面，监控认知过程以提高认知操作的能力是形式运算世界中思维的关键特征。

形式运算任务

使用特定的任务检测能力，这贯穿了皮亚杰认知发展理论的所有阶段，这些任务是皮亚杰为了评估他正在探索的不同认知能力而设计的。其中一个评估形式运算思维的实验案例便是具有相当难度和复杂性的钟摆实验（Inhelder & Piaget，1958）（见图10.1）。给个体一段可以被缩短或伸长的绳子连同一组重物，要求他们确定是什么决定钟摆的摆动速度——绳子的长度，绳子末端的重量，释放重物时的高度或者推动重物的力量（Smith *et al.*, 2003）。这种思维的主要特征之一是能够科学地考虑不同的可能性，并从不同的材料组合的试错实验中得出逻辑推理。青少年使用形式运算来考虑对可能的组合造成影响的所有因素，对任何一个可能会对钟摆的摆动速度产生影响的因素进行推理。然后他们在保持其他因素不变的情况下，具有系统性地逐一验证每个因素，直到得出正确的答案（Cook & Cook，2008）。

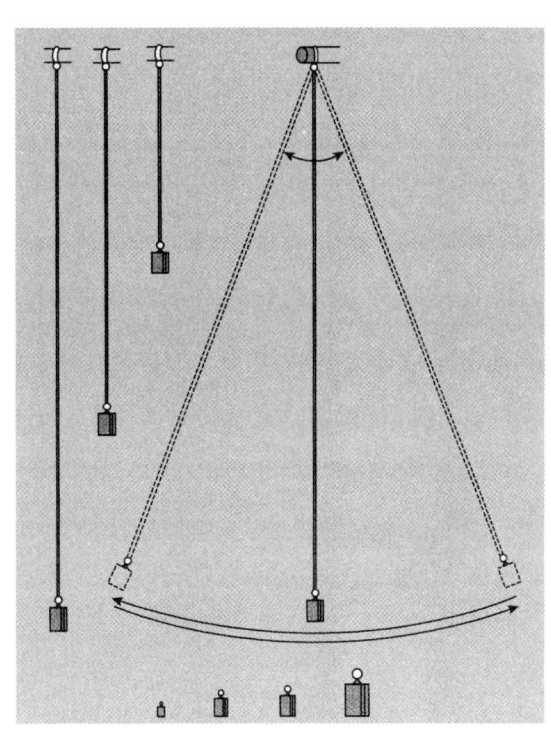

图10.1 钟摆实验

从具体经验到科学演绎

正如我们在本书中集中于认知发展的许多阶段一样，皮亚杰认为形式运算世界也是随着时间发展的。在他早期的著作中，皮亚杰认为形式运算时期内的大多数里程碑在12—15岁之间实现（Hetherington & Parke, 2003）。然而，他后来修正了自己的思想，并得出结论：直到大约15—20岁之间才会完全实现形式运算思维。最近的研究表明，形式运算思维的实现可能比皮亚杰表示的更具渐进性，也可能依赖于所涉及的任务性质（Smith *et al.*, 2003）。也有研究表明，形式运算思维可能仅仅在某些时候、在我们所熟悉的领域内被使用。

有趣的是，不妨在此时暂停并反思一下儿童是如何在皮亚杰感觉认知发展的早期阶段中进步的，思维变得更少依赖于物理现实，并越来越多地受到认知发展的前运算阶段中符号表征的支持。在具体运算世界，儿童扩展这些能力并发展系统推理能力。最终，在形式运算世界，青少年可以思考现实生活经验而不必去经历这些经验。所以，虽然我们看到在皮亚杰理论的早期阶段中，与物质世界的相互作用、与物体和同伴的游戏对学习和发展极为重要，但现在开始，（间接）知识在个体的心理操作和抽象概念知识的发展中发挥浓墨重彩的作用（Smidt, 2009）。

为了提醒我们从婴儿期的感知运动学习一路到青春期的形式运算思维的航程，让我们来观察一些处在皮亚杰认知发展的感知运动阶段和前运算阶段早期的儿童活动。

> 两岁的凯莉正在厨房的地板上玩塑料盖、容器和量杯。有一段时间，她一直在尝试把一个蓝色盖子放在一个透明的容器上。这时，凯莉拿起一个量杯并移动蓝色盖子，把盖子放在它的杯口上。然而，蓝色的盖子不能被放置在量杯的边缘上，因为量杯的杯口比盖子要大。凯莉停顿了一下。然后她让蓝色的盖子下落到杯子的底部，并把它牢牢地压下去。

福尔曼和霍尔（Forman & Hall，2005）认为，凯莉停顿下来是因为她想找到一个让盖子盖在杯子上的方法。然而，当她意识到这个策略不会起作用时，她把目标调整为"把盖子安放到某处"。凯莉的认知活动是由她和她周围的直接环境相互作用决定的，她正在通过触摸它们来探索学习了解物体的属性。可是，与年长的儿童相比，凯莉也许还不能够考虑通过改变她的策略来实现她的目标。然而，她可以通过对物理性质的探索来调整她的目标，以适应她所能实现的行为。

凯莉独自专注于为盖子找一个休憩之所，这与前运算阶段的儿童会与其他儿童协商并确定一组共享的规则与角色的能力形成鲜明的对比。

> 奥菲和瑞斯都是4岁，他们喜欢玩水。瑞斯用塑料管和一个瓶子制作他所谓的火山。他正在学习通过向瓶中吹气来排水。他也学习到，在某一特定的点上，就不能再排水了，为了再现他的成就，必须再次注满水。奥菲急切渴望尝试，告诉瑞斯他已经尝试了5次。他一边数着"1、2、3、4、5"，一边在他的面前伸出5个手指。然后瑞斯给了奥菲一个机会去尝试（Brennan，2004，p.4）。

瑞斯和奥菲正在学习和理解诸如体积、容量、力和位移等概念，通过围绕这些经验的对话和讨论，他们的知识可以得到巩固和扩展（Brennan，2004）。

与处于发展中的具体运算阶段末期和形式运算阶段的儿童和青少年相比，这些幼儿通过作用于他们周围的世界来验证自己的假设。

具体运算世界和形式运算世界

处于具体运算世界中的儿童与处于形式运算世界中的儿童，其解决问题能力的主要区别之一在于，青少年即使是进行心理表征也可以解决问题，然而，处于具体运算时期的儿童只有当物体实际存在时才能解决问题。英海尔德和皮亚杰（Inhelder & Piaget，1958）设计的一个任务中的发现为这些能力提供了一个很好的例证。在这个任务中，他们要求儿童使用各种物体和水来探索为什么有些物体会漂浮而有些物体不会漂浮，并思考原因来解释这种现象。与对抽象概念有基本了解的年长被试儿童相比，年龄更小的幼儿发现自己很难理解像质量和密度这种更加抽象的概念。

处于认知发展的具体运算阶段中的儿童，他们的答案基于大小和重量这种可以直接观察到的特征，不能够考虑到在物理世界中无法直接观察到的其他特征（Hetherington & Parke，2003）。这些儿童往往集中于将重量或大小作为物体沉没或漂浮的原因。然而，在形式运算世界，青少年能够思考许多可能的选择，以得出解释这种现象的密度概念。

自皮亚杰以来，我们对形式运算世界了解多少？

正如我们在这本书中所看到的，虽然皮亚杰的认知发展理论对指导我们理解思维和认知在儿童期和青春期是如何进步的具有不可估量的价值，但是最近的研究表明，皮亚杰在他的理论中关于这些认知能力发展的时间和顺序，并不总是正确的。虽然皮亚杰强调将成熟和生物过程作为认知能力发展的主要因素，但是其他研究人员已经证明形式运算思维的实现可能更依赖于支持这种发展的背景和评估这些能力的任务性质（Smith et al.，2003）。此外，形式运算思维的实现可能仅仅局限于特定的领域。青少年和成年人更有可能在他们感兴趣或是擅长的特定领域内实现逻辑抽象推理的能力。

作为这些批判的一个例证，英国最近的研究显示，当开展钟摆实验时，只有大约30%的16岁学龄儿童实现了早期形式运算（Shayer & Wylam，1978）。其他的研究已经表明，并不是所有的儿童在青少年时期都能形成形式运算思维。关于形式运算思维的实现也强调文化和背景的重要性，就像所有皮亚杰认知阶段中的学习和发展一样。

对于教育实践的意义

● 皮亚杰认知发展的形式运算阶段的意义，最好从中学和中学以上教育阶段的相关性方面来考虑（Smith *et al.*，2003）。在小学的数学和科学课上，通过精心安排一系列体验来发展对诸如类包含、守恒和观点采纳的理解，可以帮助儿童从前运算思维过渡到具体运算思维。在后一时期，进入抽象演绎推理之前，教师可以鼓励儿童进行实践性和实验性的工作。通过这种方法，教师可以为儿童从具体运算思维到形式运算思维阶段的过渡提供适当的条件。

● 在认知发展的形式运算阶段，青少年积极参与他们自己学习的核心作用被进一步强调。由于处于青春期的年轻学习者有不懈的好奇心，教育者可以将自主学习的机会最大化。在向认知发展的形式运算阶段发展的过程中，青少年会进一步发展批判性监控和反思他们自己的学习策略的能力。

CHAPTER ELEVEN
Drawing it all together

第十一章
结 论

—— 对皮亚杰理论的融会贯通 ——

引言

皮亚杰关于认知发展的理论对于我们理解儿童思维及其发展规律有什么贡献？我们该如何利用皮亚杰理论的相关概念和原理，为从事早期儿童教育工作的专业人员提供一个比较可靠的教学法呢？儿童在婴幼儿时期的游戏真的像皮亚杰所强调的那样反映儿童早期的思维特点吗？本章我们将对在前几章中介绍的核心思想和概念做一总结。更确切地说，我们会从更多通过象征性和直观性思维进行思考的感知运动阶段说起，对每一阶段的核心原理进行总结。案例研究则是对每一个发展阶段中的核心能力和素质进行综合的解释和说明。与此同时，我们也将通过案例研究，对儿童从具备逻辑思维能力到拥有抽象思维能力的演变过程进行综合性的解释和说明。通过这一方式，将这些理论上的概念应用到儿童在现实世界中的活动和互动上。为了给学生和实践者提供指导,以继续采用皮亚杰的追随者所生成的知识,最后一章抓住了与早期儿童教育的教学法相关的关键问题。我们探索了许多方法让皮亚杰的原理和概念能够被更有效地应用到创造性的工作中,以支持和促进儿童的学习和发展。

皮亚杰的认知发展理论对于我们理解儿童早期的思维及其发展规律有什么贡献?

皮亚杰对我们理解儿童早期及之后的发展规律所做出的贡献是不必赘言的。如果你问美国的学前教育专业人员:"请问你认为哪一位理论家对你在学前教育教学方法上的影响最大?"他们当中大多数人都会说是皮亚杰,其次就是维果茨基(Hyson et al., 2009)。该研究还指出,这些专业人员强调了作为主要理论学派之一的建构主义对他们的教育方法也产生了一定的影响。一个很有意思的现象是,尽管皮亚杰的理论已经流传了许多年,但是其思想仍然在深刻地影响着教育实践。

在接下来的部分中,让我们停下来去进一步思考皮亚杰对我们理解婴幼儿认知能力发展所做出的重大贡献。这些贡献通过下列标题简要概括起来就是:对儿童思维发展的具体感知、儿童时期的相关概念、适应的循环、思维和理解的发展阶段以及儿童主动、自发的学习。

对儿童思维发展的具体感知

儿童在最初的那几年,思维会发生比较大的变化,而与儿童近距离的接触恰恰为我们提供了许多对这一发展过程进行细致、全面的观察的机会。皮亚杰的理论为我们建立教育教学方法、从事教育实践提供了前所未有的基础性的、具体的理论知识。正如西格勒所说,"皮亚杰的理论为我们提供了对儿童思维到底是何物进行具体感知的途径……"（Siegler，1991，p.18）。正是这一途径（儿童思维的具象化）使得我们在对早期儿童的研究和实践工作中，能够建立并不断充实关于儿童思维发展的相关理论，并且帮助我们设计出与儿童交往的更加有效、有意义的方式方法。这些方式方法包括：去观察儿童是怎样建立起他们对于客体永久性的理解的，去观察学步儿是怎样建立并发展关于拿起物体的图式的，去观察儿童是怎样通过符号表征的使用来发展其表达能力的，去听儿童提出的"为什么从早上到中午我们的影子会变长"的问题，等等。皮亚杰也对儿童思维发展过程中的一些最有趣的特征，以及儿童的思维方式随时间变化的过程进行了详细论述。

当然，我们也知道，皮亚杰的理论也因其在认知发展阶段上的一些缺陷而备受争议。尽管有很多人试图批评、掩盖甚至否认皮亚杰为我们理解儿童早期及以后认知发展规律所做出的贡献，但是，皮亚杰为我们留下的宝贵的知识财富是不容否认的。约翰·弗拉维尔（John Flavell）对皮亚杰所做出的贡献做了如下概述。

> 皮亚杰为我们教育领域提供了一个全新的关于儿童本质的观点，同时，他也为我们提供了一个理解什么是儿童的认知发展、什么时候开始发展以及怎样发展等问题的新视角。这一新视角冲击了20世纪60年代至70年代的教育界，同时也对当时已有教育理论中的局限性和无趣的观点进行了大量的补充。
>
> （John Flavell，1996，p.200）

儿童时期的相关概念

皮亚杰理论的一个非常积极的贡献在于帮助我们洞察在儿童早期及

以后，儿童何时以及如何发展某些概念。除此之外，皮亚杰的另外一个贡献就是，他为我们提供了儿童思维的本质和结构。皮亚杰关注到了儿童在前语言阶段时的一些能力发展的细节。正如我们所知道的那样，皮亚杰低估了儿童获得某些概念的年龄，但是总体说来，从皮亚杰理论诞生以来，儿童获得这些概念的顺序没有发生改变。正如米勒（Miller, 2010）所指出的那样，皮亚杰的观点引发了很多关于儿童获得那些概念的意义的思考和研究。他并不是想曲解或者高估某种能力的出现，只是他在他的任务中有很高的要求。

从更普遍的意义来说，皮亚杰所提出的这些概念（自我中心、中心化、去中心化等），以及在儿童随着时间一步步形成这些概念时所给出的指导建议等，一直以来都为儿童教育工作者提供了很好的基准线，这种基准线能够很好地帮助他们制订支持和提升儿童形成某种概念的策略、方针。我们知道，人们曾经对皮亚杰提出的儿童在早期具有自我中心化特点的观点存在许多质疑，但是这些质疑声反过来促使人们进行了许多令人关注的实验。这些实验指出，皮亚杰偶尔会低估儿童的理性思维能力（Donaldson, 1978; Perner et al., 1987; Young-Ihm, 2002）。

适应的循环

皮亚杰的理论强调儿童获得知识的过程是具有自然周期的，是一个螺旋式上升的过程。这个过程依赖于儿童对周围环境中的新信息的适应和调节的过程。回顾第一章，我们了解了儿童获得实践经验的持续过程以及他们对于这些经验的反思过程，同时也看到儿童为了使心理表征更准确而不断更新这些心理表征的过程。学前儿童教育工作者在安排儿童学习经验的顺序，以及支持儿童顺应的过程中扮演着重要的角色（Edwards & Knight, 2001）。正如我们所知，皮亚杰认知发展阶段论中的两块基石是同化和顺应，这两个过程是儿童适应过程中的相辅相成的两个过程。下面这段文字很好地描述了学习和适应过程的周期性模式。

> 一个孩子在玩湿沙。有时候孩子可能只是简单地想去感受潮湿的沙子的感觉；有时候孩子会不断地重复在沙地里沿着光滑的路面推推土机的过程，去不断地感受其发出的"嘎吱嘎吱"的声音；有时候你又会看到孩子开始体验根据周围沙子的量和隧道的宽度来估量这个沙子做成的隧道能建多长；等等。这些过程不是简单的同化和顺应的过程。她或他会多次交替去体验每一种玩法。同化和顺应是按顺序依次出现的。当儿童试着去寻找使外界的刺激与内在的知识组织方式建立平衡的方法时，顺应就产生了。正是这种连续的、跳跃性的平衡表示儿童正在学习，同样，正是儿童这种反应思维的行动表示儿童正在检验这些刺激，并且在努力地感知它们。
>
> （Edwards & Knight，2001，p.26）

失衡的状态和随后解决这种失衡状态的方法是一个循环往复的过程。儿童的认知发展正是通过这一循环机制进行的。所以，就像皮亚杰所说的，儿童的认知发展包括适应的不断演进，这一演进是通过内在已有概念、经验与外界物质环境不断发生互动而获得的。

> 成人有责任和义务为儿童提供丰富的环境……在这个环境中，儿童可以自由提问、假设及收获新的概念。儿童的学习过

程需要更多地关注知识的推导过程，而不仅仅是关注学习的最终结果，儿童必须要为自己建构学习。

（French, 2007, p.21）

思维和理解的发展阶段

正如我们之前所强调的那样，儿童学习和获得发展的方法已经超越了发展阶段论的约束。尽管如此，有一点还是很重要的，就是皮亚杰使我们了解了很多关于儿童发展的宝贵知识。这些知识使我们知晓了儿童的思维是怎样发展变化的，反过来，也正是这些知识推动了我们对儿童思维是怎样随着时间而发展的理解。大多数的理论知识只告诉了我们关于儿童教育的大致方法，很少有理论能够提出具有较大广度与精准细节的方法，而皮亚杰的理论做到了。许多发展心理学家，尤其是皮亚杰，常常遭到批评，主要是对于他们所建立的儿童发展模式的批评，认为他们只是找到了与成年人相比儿童所欠缺的地方（Jenks, 2005）。皮亚杰确实比较清楚地看到了儿童思维及思维方式与成人的质的不同，而不仅仅只看到了儿童缺少的能力。

经过前面几章的学习，我们也对皮亚杰所主张的认知发展阶段论中的每个阶段主要的特点有所了解。正如之前我们所强调的，当我们使用"阶段"这个词语时，通常意味着一个时间段，在这个时间段内，儿童的思维和行为方式反映着其潜在的逻辑思维结构（Miller, 2010）。换句话说，根据皮亚杰的理论，儿童在发展的每个阶段其思维活动都具有一个特定的结构或者模式，这种结构或者模式能够帮助儿童与外部世界发生联系。当儿童在感知运动阶段很好地掌握了对感觉和知觉的学习，那么他们就开始向前运算阶段前进了。在前运算阶段中，儿童对符号表征和概念的学习占主导地位。在接下来的具体运算阶段中，儿童的逻辑思维得到了提升，进行心理运算的次数增加且逐渐稳定下来，这些都是为青春期具备更完备的逻辑思维、抽象思维和推理演绎能力做准备的（Young-Ihm，2002）。弗拉维尔（Flavell，1996，p.201）曾强调综合、超越抽象和概括认知能力是怎样逐渐演进的相关知识的重要性，具体内容如下。

> 皮亚杰认为，要想充分描述人类认知发展的特征，我们需要某种知识结构——它既要比所有认知行为中共同存在的同化和顺应的功能变量略微具体一些，又得比那些无休无止的具体获得的概念体系稍微抽象一些。皮亚杰将这种东西称为认知结构：认知结构是某种介于具体和抽象之间的中间物质（第三者）——它可以随着年龄变化，这是那些抽象的功能变量做不到的；但这些认知结构又比个别的概念更加抽象，把那些形形色色的多样化的概念内容抽取提炼为一个较大的模块。

有时，基于对皮亚杰理论书籍的部分阅读，皮亚杰从事认知发展阶段研究的微妙之处和复杂性经常会遭到忽略和误解（Vogler *et al.*，2008）。然而，这些作家认为，这只是他们对皮亚杰理论做的简化，这种简化常常是为学前教育或者为更广意义上的发展心理学家建立儿童发展框架才做的。米勒认为，尽管后皮亚杰理论研究者已经做了很多修订，指出皮亚杰理论的某些不准确之处，但是我们仍不能忽视这些基于对儿童进行细致观察得来的、杰出的知识体系的基础。

> 简而言之，不管这些各种各样的关于皮亚杰理论的实验是否推翻了一些观点，皮亚杰的这一研究做出的一个更重要的贡献是，它建立了一个关于婴幼儿"获得"一个概念的不同水平

的细致的理论观点，以及一整套与概念相关的结论。

（Miller，2010，p.657）

超越学前教育的阶段论教学法

尽管阶段论可以被看成帮助我们描述人类行为发展轨迹的指南或手册，但是它没有抓住在发展过程中个体内与个体间差异的复杂性。他们也在儿童的学习中设置了一些不必要的约束（把一个课程与某个年龄段的儿童的现实行为相关联）（Edwards & Knight，2001，p.27）。扬伊姆（Young-Ihm，2002，np）在下面的这段文字中也强调了这些批判。

> 皮亚杰的临床实验法和观察研究建立了儿童发展的准备状态的理论，探究了儿童不断进步的过程。根据这种发展理论，儿童进入下一个发展阶段必须做好充分的准备，而不能够被强制进入认知发展的更高阶段。尽管在英语国家的学前教育界，发展理论和成熟论的概念被不断传播且占主导地位，但是，仍然有许多关于发展过程中的"成熟"概念的批判性文章刊发出来。

儿童主动、自发的学习

皮亚杰给早期儿童教育留下的最大的遗产可能是他挑战了先前存有的对于儿童如何学习的观点和方法论。知识不再被看成被动地传递给儿童的某个东西，而是儿童通过亲手操作、亲身经历自己主动建构的（Pope-Edwards，2002）。共同建构主义理论的学者将皮亚杰强调儿童是一个主动的学习者的概念扩展到了强调儿童和成人共同学习的层面。我们知道，虽然皮亚杰没有强调成人在儿童学习中的作用，但儿童对某一知识的需要和学习能力之间的联系和调节过程的研究，使得一些学者能够在儿童的知识和能力之间建立联系，并且能够建立基于群体主体性的方法论（Hayes，2012）。

当今许多成功的案例都很好地说明了，儿童怎样通过动手操作和实践经验促进自己对于知识的主动建构的过程。下面的内容就是此类行为的一个例子。"乌龟项目"是一个在美国伊利诺伊州麦琪斯妮公园帕克早期教育中心的一个幼儿园班级中实施的项目（Helm & Katz，2001）。这个项目旨在增加儿童对于进行科学质疑的相关知识，以及提高相关能力。下面的这个例子来自于一个教师为记录儿童的观察和评论而准备的文本。几个月以来，小朋友们一直精心照料着一只名叫乔治的小乌龟，结果却发现这只小乌龟其实是"女孩"。

> **发生了什么？**
> 教师用圆木为小乌龟乔治做了一个屋子，乔治爬到了这个木头上。在给乔治洗澡的时候，大家必须叫醒它。但是它再也不愿意回到作为它浴室的盆里了。
>
> **我们想了什么，说了什么？**
> 乔治的大多数时间是在它的木头洞穴里走来走去，把自己藏起来。
> 乔治可能是冷了，想要获得一些温暖。
> 这个木头里面更舒适、更黑、更温暖一些。
>
> **我们尝试了什么？**
> 我们去重读了我们年初读过的那本关于乌龟的书。
> 小朋友们异口同声地大喊："乔治正在冬眠！"

在这个例子中，我们看到了儿童非常主动地对乔治的行为变化做出反思。教师支持儿童对导致乔治产生新的行为的原因进行探索，并且记录下他们的评论。皮亚杰对于儿童学习和发展的观点不可避免地影响到了教师在儿童教育过程中所扮演的角色，教师最重要的一个角色就是观察和指导儿童去构建他们自己的知识，而不是以被动的方式向儿童传递知识。从事儿童早期教育的实践者和教师在儿童自我导向的活动中应当扮演支持者、榜样，成为一个"谦虚的"指导者（Pope-Edwards，2002）。福曼（Forman，2010，np）在下面这个实例中说道，只要给小朋友提供动手操作和实际经历的机会，即使再小的儿童也是他们自己学习过程中的专家。这是一个记录了儿童在游戏中的科学性思维的实例。

> 我们观察到，一个4岁的男孩站在一个地下水管的井盖上。当他站在右边时，井盖向右边倾斜触到地面；当他站在左边时，井盖向左边倾斜触到地面。我们又看到了他这样的行为，他又站在了井盖的中间，然后平衡了。在找到平衡的过程中，他需要往左施点力，往右施点力，要同时地施加两种相反的力量。先前，他一次只施加一种力。但是，这不仅仅是两种简单的力量，就像你在用手臂挥动球拍的同时，需要转身和扭腰，使球击得更远。幼儿需要意识到在井盖上的这两种力量是相反的。这两种力量并不是相互分开的，而是产生了一些积极影响——使井盖取得了平衡。

这个小朋友对于自己整个实验的投入，教师对于他逐渐发现的过程的细节关注，以及他最终成功地获得"平衡"的过程，是皮亚杰理论中所倡导的原理的富有洞察力的佐证。

儿童自主的学习

谈到皮亚杰为我们留下的理论财富，许多早期儿童教育的当代模式都倾向于将儿童置于他们自己学习的中心位置,把儿童看成"自我发展的积极主导者,受到内部自然的、动态的、自我修正力量的强烈影响,主动打开自己的成长和学习之路"(Pope-Edwards,2002,np)。儿童中心的教育方法在前几个世纪就已经被很多学者提出了,像卢梭、裴斯泰洛齐和福禄贝尔,他们都强调儿童自主活动的能力。我们看到的许多支撑皮亚杰研究的原理都是对这些观点的强化,再次强调儿童是他们自己学习和获得知识的领导者,不断地与他们周围的世界发生联系,进而发现一些模式和规则。

弗兰·帕福德(Fran Paffard,2010)通过观察和支持儿童在游戏和实践中的图式提出了一个名为"儿童中心论"的有趣解释。通过对儿童在游戏中的一些行为模式的有意观察,研究者能够发现符合儿童兴趣的那些活动,也能通过近距离的观察找到一些佐证,这些只是为儿童更好地发展做准备。这种儿童中心的方法有很多优点,比如,可以使研究者从儿童现在的水平以及他们能够做什么出发,为儿童更好地发展做准备,而不是从儿童不能做什么出发(Paffard,2010);优点还包括这种方法尊重了儿童的兴趣,避免了对于儿童一些行为的误解,并能够更好地预估那些有利于拓展儿童学习的经验。海斯(Hayes)进一步强调了建立把儿童置于其学习和发展的中心位置的教学法的重要性。

> 这种教学法假定思维是能够支持思想和信念的:通过相互沟通和讨论,我们可能找到一些大家公认的参考模式,并且,是儿童的自主感知在他们的发展过程中扮演着重要角色,我们在其发展过程中要少一些压制,多一些尊重。
>
> (Hayes,2012,p.xv)

游戏化课程

与儿童中心教育理念相关联的，是理解游戏化对小年龄儿童学习的重要性。正如我们在这本书中所看到的那样，皮亚杰在整个认知发展阶段中都强调游戏的重要性。从婴儿时期的感知运动阶段进行的功能性游戏，到前运算阶段进行的象征性游戏和规则游戏，皮亚杰所提倡的学习方法通过儿童的游戏性活动得以实现并获得支持。然而，皮亚杰并没有告诉我们怎样把游戏整合到教学法中。有一种对于游戏的局限的看法，即把游戏看成教学法中多余的东西，而不是把其看成可以整合到教学法中的东西。学前教育领域的许多作家都提到了超越这种局限看法的挑战。其实，游戏，特别是戏剧性游戏，都是与儿童的情感和认知的发展紧密联系的，儿童通过游戏可以获得解决问题的能力，想象力也会得到发展（Moyles，2010）。

布伦南（Brennan，2012，p.165）为我们提供了一个很有意思的游戏化学习法的解释说明。

● 案例学习：度假 ●

劳拉和安妮被放在家中角落里的一个新的旅行包所吸引，玩起了"度假"的游戏。她们把旅行包和婴儿车里装满东西，直到再也装不下的程度，并挑选杂志，前往机场。为了让宝宝有玩的东西，她们在免税店给宝宝买了玩具。挥手道别后，她们登上了前往葡萄牙的飞机。在旅途中，她们兴奋地朝她们的旅馆进发。这两个女孩子的协作性非常好，能够听取别人的意见，并且能够相互交流彼此在旅途中的快乐。

儿童可以通过像布伦南所强调的这种学习方法收获很多，只要我们为儿童提供参与、探索、整合及重构他们周围的世界的机会，给予他们分享想法、知识和能力的机会，并且生成对话与反思。当然，还有一点

也很重要，即提供机会让实践者能够对儿童的行为有所反馈。

皮亚杰的后继者们

皮亚杰拥有许多后继者，有许多的学者继续对皮亚杰提出的理论进行构建和扩展。我们已经在第二章比较了皮亚杰、维果茨基和布鲁纳的理论，特别提到了他们对儿童认知发展相关理论的贡献。虽然认识到其根据儿童的年龄和相关能力专门规划的早期儿童教育理论的局限性，我们仍要知道当今的很多理论是建立在皮亚杰坚实的理论基础上的。那些跟随皮亚杰脚步的理论学家（新皮亚杰主义者）在定义发展阶段时没有太多依据他们的逻辑结构，而是依据促进儿童的思维的信息处理需求。对于这一过程的一个很好的解释就是"工作记忆"，工作记忆是一种在大脑中存储各种信息并对这些信息进行心理运算的能力。米勒（Miller，2010）为我们提供了一个关于工作记忆的实例：当我们想让儿童比较瘦高的玻璃杯的容积与矮胖的玻璃杯的容积时，只有当儿童具有的工作记忆足以在他们的思维中同时持有两种相互冲突的表征时，他们才能够进行整合以建立一个新的表征——更高的玻璃杯需要更瘦的横截面来达到平衡。还有一些理论学家深受皮亚杰的影响，他们更多地关注于"规则转换"（精确规则的发展）而不是阶段的转换。当儿童经历了某一个事件后，他们通常会建立起某种精确的规则，来帮助他们超越某一思维水平，并且帮助他们用更进一层的方法去理解和解释某一现象（Siegler，1978）。

我们该如何利用皮亚杰理论的相关概念和原理，为从事学前教育工作的专业人员提供一种可靠的教学法呢？

1. 学习是一个主动的过程，知识是通过内在建构得到的

谈到教育，凯米（Kamii，1974）指出，从皮亚杰的认知发展阶段论中衍生出的一个重要的信息就是：我们一定要允许儿童进行属于他自己的学习。对于这种教学方法体系有一个问题就是如何在班级课堂中实施。当今，教学是通过向学习者介绍需要学习的材料并对学习者反馈给老师的正确答案或结果进行强化来实施的。即使我们有时会被提议采用所谓的"探索法"和"发现法"，但这通常意味着儿童要去发现、探索教师想要的答案。

2. 社会交往和合作能够加强认知的发展（学习效果）

皮亚杰十分坚定地认为儿童之间以及儿童与教师之间的协作是能够促进儿童认知发展的。主要原因是一个互动式的环境将会提供表达观点和产生反思的机会。即使是儿童之间的冲突，也能够产生对一个特定情景或感兴趣的领域的积极意识。

3. 学习环境应该为认知挑战和发展提供机会，重点在于实际经验而不是语言讲授

维果茨基、布鲁纳等理论学家都强调语言对于学习的推动作用，而皮亚杰被批判不够重视语言在学习中的作用。但是，皮亚杰从未说过自己认为语言不重要。他的观点是：语言是重要的，但不能以牺牲思维为代价（Furth，1970）。在20世纪70年代，皮亚杰相关理论著作出版后不久，一些理论学家就提出这样的问题：在学前教育阶段是否存在一个当务之急，即是否要基于对前运算阶段儿童是如何思考的这样一个问题达成共识,再在此基础上教授语言呢(Furth,1970)?

4. 抽象思维是从具体的行为活动中发展而来的

在对于早期教育的观点中,人们认为早期教育工作者或者教育者在课堂里使用的教学方法很重要,抽象思维是从具体的行为活动中发展而来的,这项原则是十分重要的。如果我们重视这项原则体现的观念,那么逻辑思维一定是通过大量的动手操作的学习机会获得的,而不是仅仅通过简单的语言告诉儿童怎样做的传统方法获得的。

5. 教师的角色应该是通过对儿童经验的引导来支持他们建构自己的知识

皮亚杰坚信儿童学习的最理想的方法是自由探索的"主动学习"。因此,成人应该扮演的角色就是基于课程的要求,为儿童提供一个良好的学习环境,这个环境是一个能够为每一个儿童提供真正的认知挑战和儿童个体发展的机会的环境。与此同时,成人还应扮演儿童学习的支持者和引导者的角色,也要意识到不干扰的真正含义以及它的重要性,即让儿童自己获得进步。

从理论到实践

如果你阅读过我们这一系列书籍中的另外几本,如《维果茨基导论》和《布鲁纳导论》(Smidt,2009,2011),你可能就会对我们的叙述模式比较熟悉了。接下来我们会举一些幼儿园教育活动的实例,旨在说明每个理论情景的来龙去脉。我们选择继续使用这一方法,希望这能够对你们深入理解皮亚杰理论背后的想法有所帮助。

1. 学习是一个主动的过程，因为知识是通过内在建构得到的

关于儿童建构他们的知识的方式，皮亚杰给出了下面的一段陈述。

> 谈到教育，这个认知发展理论的主要结果就是：恳求大家允许儿童去进行属于他们自己的学习……仅仅通过与儿童交谈是不能进一步理解他们的。好的教学法必须涉及提供给儿童让他们自己探索的情境，广义上来说就是让他们去尝试一些东西，看看会发生什么、操作符号、提出问题并且寻找他们自己的答案，对这次发现的东西和另一次发现的东西进行比较，把自己的发现结果和其他儿童的发现结果进行比较。
>
> （Schwebel & Raph, 1974, p.2）

以上的陈述使得皮亚杰的教学法脱离了传统的教学法，在传统的教学法中，教师给儿童提供需要学习的材料，并且预设一个特定的结果。

● 案例研究1 ●

在一个托儿所的低龄儿童的房间里，因为要关注生活在寒冷气候下的动物，教师决定让儿童去了解企鹅。于是她设计了一个艺术活动，让儿童设计一个自己心目中的企鹅脸谱。在准备这个活动的过程中，她很仔细地挑选儿童使用的材料：用来做企鹅的脸的纸盘，从一个橘色卡片上剪下一部分三角形的卡片用来做企鹅嘴，一包塑料活动眼睛，一管胶水和黑、白颜料。

为了让儿童更好地明白要做些什么，这位女教师在活动开始前做了一个模板用来展示给儿童看。她也明白一大群儿童同时进行活动的困难，所以她将儿童分成小组，每桌最多有三名儿童同时在给定时间内进行操作。如果一名儿童完成了她的企鹅脸谱，那么另外一名儿童就会被叫过来加入到这个活动中，直到所有的儿童都完成这一任务。

皮亚杰的观点是：儿童是一个主动的学习者，学习是他们通过自主性活动进行的。如果我们停下来，反思上面这个例子，就会发现其中有很多与皮亚杰观点相抵触的地方。让我们一起来探索这些抵触产生的原因吧！

尽管这个活动为儿童提供了操作材料的机会，但是教师已经为这个活动提供了某一限制性的框架，因此也就限制了儿童按照自己对企鹅的理解进行创造的可能性，真正意义上的探索和发现受到了严重的限制。进一步说，由于这个活动要取得的结果是设计好的，所以儿童在进行这个活动时，他们把自己的成果与其他小朋友的成果进行比较与对比的机会就被剥夺了。另外一个问题就是，儿童并不是自己去选择这个活动的，而是被成人设计好然后参与进去的。成人选择了这个活动和结果，因此这个活动并没有很好地提供一个真正意义上的学习的机会。

那么，教师要怎样呈现这个主题的不同活动呢？从这个活动的开始，就应该给儿童提供许多非常好的学习机会：一起讨论这个活动，决定什么材料是合适的，决定这个活动要如何做。当儿童想要开展这个活动时，这个活动应该被允许进行，而不是当成人觉得什么时间合适时再去进行。在皮亚杰的教学法中，为了开始另一个活动而要求儿童结束前一个活动，学习的效果将缩减。

2. 社会互动和合作能够提高认知的发展（学习效果）

当我们讨论到社会文化因素在智力发展中所担负的角色时，早期教育的教育学家和研究学者常常指向维果茨基，特别会提到语言的作用。皮亚杰常常会因为没有充分地强调这两个因素的重要性而遭到批评，大多数人认为皮亚杰理论中的儿童是一个"孤立的"科学家，他们的知识是脱离社会背景而建立的，在皮亚杰的理论中，社会因素没有得到足够的重视。然而，皮亚杰通过研究儿童是如何在认知上获得发展的，对维果茨基的理论进行了拓展。皮亚杰认为，如果让儿童自己进行游戏，他们是不能够依靠自己在象征符号（例如语言或数字）的使用上获得一致性的，并且语言有利于进一步发展图式之间的联系。所以，当儿童与其他人进行社会交往时，语言有助于让图式之间相互作用，并让图式向更高的级别扩展。

在案例研究2中，我们将会呈现一个互动的环境，这个环境为儿童提供了一个表现自己学习力的框架，同时，这也是一个表现社会互动和协作是怎样驱动认知发展的很好的例子。

• 案例研究2 •

安娜和阿里正在一起玩幼儿园教室里的电脑。她们正在玩电脑里的一个叫作"大小屋"的游戏，她们在一间"房屋"里四处闲逛，玩家要对把这些不同大小的物体放在房子的哪里做出决定。这两个女孩大声地讨论着可能的选择，给出操作的指示，并且根据彼此做出的决定相互给予反馈。

在这个游戏中有一个叫作"小小"的人物角色，他喜欢在床上跳来跳去。这两个女孩必须在房间里找到东西帮助他安静下来。阿里建议安娜给他一个枕头，并指出枕头的位置。但是安娜却认为在房间里的另外一个更小一点的枕头才应该是"小小"的，而这个更大一点的应该是另一个人物角色"大大"的。

---

3. 学习环境应该为认知挑战和认知发展提供机会，重点在于实际经验而不是语言讲授

遵循皮亚杰理论的课堂，是不强调呈现现成知识的，教师鼓励儿童通过自发地与环境相互作用而有所发现。因此，教师抛弃了传统的说教，为儿童提供了丰富的、多种多样的活动，允许儿童直接去操作周围世界的材料。为了给大家提供一个关于该理念的背景，我们就来看看法国的教育家阿兰告诉我们的一个故事。

> 火车上，一位男士正在阅读报纸。当一位坐在他旁边的男士问他"今天的报纸上都报道了什么"时，这位男士说："我不知道，我只是在阅读！"

正如我们在本书的开始部分"认识皮亚杰"中说到的，皮亚杰对另外一个法国的教育学家克里斯汀·弗雷内（Célestin Freinet）的研究很感兴趣，克里斯汀·弗雷内认为我们引用的上面这个例子就是大脑机械工作的学习方法。他认为阅读应该是一个寻找意义的过程，而不是逐字逐句地读完就好。但是全球范围内类似于"全语言"的教学方法就是后者，只是教授儿童怎样通过读完整的词去阅读。弗雷内将印刷机引进学校，所以儿童能够受到鼓励去阅读，因为这是为了他们自己能够更好地从事印刷工作所需要的。因此他们将在本质上从掌握这些技能中获得既得利益。如果把这一方法用到早期教育的课堂中，我们应该允许儿童亲自动手去操作那些更需要亲自操作的材料，比如沙台和水台。我们应当鼓励儿童通过游戏去体验周围的环境，这样也使得教师对于学习结果的预测和指导变得容易了。

• 案例研究3 •

4岁的克莱尔和大多数小朋友一样喜欢在沙台玩耍。她在沙子里面挖、移、搭建、倾倒，她很享受这种玩沙的感觉和趣味，例如在其中玩角色扮演游戏，去探索沙子是怎样移动的。玩沙不存在什么所谓正确的方法，只要参与进去就好；玩沙让儿童可以提出假设并验证假设；玩沙可以扩展想象力；玩沙是一种比较安静且有感官体验的活动；同时也是儿童了解、感知物质世界和学习社交技能的一个非常好的渠道。因为玩沙游戏是一个开放的游戏，儿童能够自己去决定玩什么、怎么玩。自由，在某种程度上能够促使儿童自己建构适合自己的发展路径。

皮亚杰有一个观点就是儿童是具有主动了解周围世界的内驱力的。所以，沙台或者沙坑是十分符合皮亚杰的这一观点的。当儿童进入一个丰富多彩的学习环境，投入到自由的游戏中时，会逐渐建立关于世界是如何运行的概念，并且这个概念会变得日益复杂。

4. 抽象思维是从具体的行为活动中发展而来的

在早期教育背景下，教育学家早就意识到了那种直接的、传统的教学方法不适合幼儿。他们明白，对于一名儿童来说，若想要完全理解一个对象是如何运作的，具体经验是十分必要的。凯米（Kamii，1974）把具体经验定义为直接与真实的物体、事件接触，而抽象思维指的是对象征物的使用，以及对那些所谓的更高级别的概念的运用。如果儿童花时间操作一个物体，那么他自然会逐渐了解越来越多的事物及其原理。

● 案例研究 4 ●

在查理 6 岁生日的时候，他收到了父母送给他的一个晶体管收音机作为生日礼物。在天然好奇心的驱动下，他开始用他那灵活的手指把这个收音机拆开，看看里面的构造。从健康和安全角度出发，这可能并不是一个很好的例子。但是几个星期后，他不小心把收音机摔在地上摔坏了。查理可以相当准确地指出是哪里坏了，更难以想象的是，他还把自己对这个

> 问题的想法与他的爸爸进行了交流。通过操作这个实物（收音机），查理了解了其工作原理，他现在能够将抽象的原理应用到情境的讨论之中。

5. 教师应该通过对儿童经验的引导来支持他们建构自己的知识

从建构主义的观点来看，在运用皮亚杰理论的学校中，教师的角色任务是构造一个丰富的环境，观察儿童在做什么和想什么，并避免那些将儿童从真实的经验中脱离的互动。教师会鼓励儿童去解决问题，去换位思考或者去思考自己在这个过程中的感受（Chaille & Britain，1997，p.65）。可以通过对开放性问题的使用来促进开放性游戏的开展，比如下列问题。

- 你可以怎样组装它们？
- 你还可以做些什么？
- 如果你……将会发生什么？
- 你对于……的想法是什么？
- 你是怎么做的？
- 要怎样用不同的方法来处理这件事呢？

通过向儿童问这些开放性问题，教师为儿童提供了一个比单靠他们自己能学得更多的环境。维果茨基把这种形式定义为"最近发展区"（Smidt，2009），这和皮亚杰理念中的理想教师是十分相似的。

> **• 案例研究 5 •**
>
> 　　5 岁的阿曼达选择了用水彩去画画，此时，她的老师尼基正坐在对面。阿曼达开始将一些颜料混合。尼基对于阿曼达正在做的事情很感兴趣，于是就开始了下面的这段对话。
>
> 　　尼基："你是怎么想的？"
>
> 　　阿曼达："我在制作亮粉色。"
>
> 　　尼基试图去说出阿曼达正在做的事情，但又不想影响她，于是就回应说："我看见你正在将白色和红色的颜料混合。"
>
> 　　阿曼达："我想要画一棵树。"
>
> 　　尼基："好的，你画这棵树需要哪些颜色呢？"
>
> 　　阿曼达："这是一棵粉红色的树，叶子是红色的。"
>
> 　　阿曼达继续说："你瞧，在树上住着一只红色小松鼠。我想它会喜欢红色的叶子，因为如果它坐在树枝上，就没有人能够看到它了。"
>
> 　　尼基赞扬说："真是一个好主意！我发现那边有些黄色，你打算用它们干什么呀？"
>
> 　　阿曼达："我还没有想好。是不是可以弄成粉色呢？"（她边说边把红色的颜料放进黄色的颜料中。）
>
> 　　尼基："现在发生了什么？"
>
> 　　阿曼达："这是一个不一样的粉色。"
>
> 　　尼基："你是把哪些颜色的颜料混在一起了呀？"
>
> 　　阿曼达确认了那是黄色和红色，于是尼基继续问："你混在一起得到的是什么颜色？"
>
> 　　阿曼达大叫："是橘色！对，是橘粉色！"

对儿童学习的观察和记录

　　让我们对我们的皮亚杰之旅做一总结。通过他的认知发展阶段论，我们来思考一下他给早期儿童教育工作者留下的最宝贵的遗产。我们感叹于他对于细节的专注与热情，感叹于他对于人类从婴儿到成年人的思维发展探究的专注。在皮亚杰理论的众多原则中，有一个原则简单但很有力，那就是：当儿童在自己的世界里活动时，对于其行为的观察和记录是十分重要的。福曼和霍尔（Forman & Hall, 2005, np）是这样理解"与孩子一起探索"的价值的。

> 与孩子一起思考并不仅仅是指对他们说的话、做的事进行简单转述，我们需要去挖掘，去提炼他们那些省略句的含义，思考他们为什么会中途放弃一些行为，思考他们那些令人困惑的解释，思考他们的一些请求背后的意义，或者是他们对某一事物的描述背后的含义。儿童是有能力的学习者，但是作为教师，为了理解儿童试图传达的想法，我们必须放慢脚步，进行仔细的观察，并且研究我们已经做好的观察记录。除了慢下来去观察、研究儿童的行为和他们的讲述，要想理解儿童的想法，还需要我们拥有广博的儿童发展知识和一颗愿意去推测的心。

专业词汇表

顺应（Accommodation）：顺应是适应过程的一个部分。当人们学习新信息时，他们可能会通过将新信息纳入先前对某一概念的理解中，进而改变对这一概念的理解。例如，一个儿童可能明白"食物是好吃的"，然后，他或她可能尝到了一些自己不喜欢的食物，于是，他或她对食物的理解可能就变成了"一些食物是好吃的，一些食物是不好吃的"。

主动学习（Active learning）：儿童对这个世界充满好奇，于是他就会尽可能地去做每一件能做的事情，来感知这个世界。

适应（Adaptation）：皮亚杰将我们通常称之为学习的概念定义为适应，即人们使自己适应新的信息与经验的能力。学习对于适应我们周围不断变化的环境是十分必要的。通过适应，我们就能够接受那些能让我们应对变化的行为。

同化（Assimilation）：同化是适应过程的另一个部

分。通过同化，我们把自己理解的新的信息与经验整合进自己原有的概念中。这个过程是需要有些主观的，因为我们趋向于在一定程度上改变这些新的经验或信息，使它们能够与我们先前存在的概念相融合。

中心化（Centration）：中心化是前运算思维的一个缺陷，它使得儿童只能关注于某一事物的一个方面而忽视其他方面，以至于常常会得出一些不合逻辑的结论。

认知发展（Cognitive development）：思维能力、推理能力、解决问题能力和交流观点的能力的发展，也称之为智力或心理的发展。

具体运算阶段（Concrete operational stage）：认知发展的第三个阶段（约7—12岁），在这个阶段，儿童的逻辑思维得到了发展，但抽象思维能力还未发展完全。

守恒（Conservation）：两个在某一计量单位（像长度、重量、质量）上相等的物体，经过一些表面的、感觉上的变化（例如形状上的或者体积上的变化）后，只要没有往这个物体上加入或拿走任何东西，儿童仍能意识到它们是相等的。

平衡（Equilibration）：皮亚杰认为，所有的儿童都试图在同化和顺应之间建立一种平衡，这一过程是通过一个被皮亚杰称为平衡的机制实现的。在儿童认知发展的过程中，在同化（将新知识纳入到先前的知识中）和顺应（改变某一行为去适应新的知识）之间建立平衡是十分重要的。平衡能够帮助我们很好地解释儿童是怎样从思维的一个阶段发展到另一个阶段的。

探索（Exploration）：主动学习者为了发现更多的知识而去探索每一件事物的过程，它与调查研究与发现是紧密相连的。

形式运算阶段（Formal operational stage）：认知发展的第四个阶段，也是最后一个阶段。这一阶段的特点就是儿童具备了抽象思维的能力。

不可逆性（Irreversibility）：不可逆性是前运算思维的一个缺陷，此阶段的儿童无法理解一个行为可以朝着两个或多个方向发展。

客体永恒性（Object permanence）：当一个人或者事物不见了时，儿童明白他们（它们）依旧存在。

组织（Organisation）：将知识融进一个系统里，从而更好地去感知周围的环境。

前运算阶段（Preoperational stage）：认知发展的第二个阶段（约2—7岁），在这个阶段中，儿童在象征性思维方面变得更复杂了，但是仍不具有逻辑思维。

反映（Reflection）：反映常常表示"思考"，并且它随着一个人的抽象思考能力的发展而发展。

表征能力（Representational ability）：是一种在内心描述客观物体和经验的能力，这种描述大部分需要使用符号来表示。

图式（Schemas）：图式就是对于那些包含着我们的理解与认知的身体动作以及心理的描述。它将那些帮助我们解释和理解世界的知识进行分类。

感知运动阶段（Sensorimotor stage）：认知发展的第一个阶段，大约是婴儿时期（0—2岁），此阶段的儿童通过发展他们的感觉和运动来学习。

符号功能（Symbolic function）：儿童使用符号（单词、数字或者图画）去表征自己已经理解的事物的能力。这种能力是前运算思维的一种特征，它常常表现为延迟模仿、象征性游戏的进行以及语言的使用。

滥绎（不合逻辑的推理）（Transduction）：处于前运算阶段的儿童，常常会在心里将某些特定的经验联系在一起，不管它们是不是在逻辑上有因果关系。

英文版参考文献

Ackermann, E. (1996). Perspective taking and object construction. In Y. R. Kafai & M. Resnick (eds), *Constructionism in Practice* (pp. 25–37). Mahwah, NJ: Lawrence Erlbaum Associates.

Ackermann, E. (2001). Piaget's Constructivism, Papert's Constructivism: What's the difference? Available at: http://learning.media.mit.edu/content/publications/EA.Piaget%20_%20Papert.pdf

Allery, G. (2010). Observing symbolic play. In Smidt, S. (ed.), *Key Issues in Early Years Education* (pp. 35–36). London: Routledge.

Arnold, C. (1999). *Child Development and Learning 2–5 Years: Georgia's Story*. London: Paul Chapman.

Arnold, C. (2003). *Observing Harry: Child Development and Learning 0–5*. Maidenhead: Open University Press.

Arnold, C. (2010). *Understanding Schemas and Emotion in Early Childhood*. London: Sage.

Athey, C. (1990). *Extending Thought in Young Children: A Parent–Teacher Partnership*. London: Paul Chapman.

Baillargeon, R., Li, J., Gertner, Y., & Wu, D. (2011). How do infants reason about physical events. In U. Goswami (ed.), *The Wiley-Blackwell Handbook of Childhood Cognitive Development* (pp. 11–48). Oxford: Wiley-Blackwell.

Bancroft, D., & Flynn, E. (2005). Early cognitive development. In J. Oates, C. Wood, & A. Grayson (eds), *Psychological Development in the Early Years* (pp. 131–167). Milton Keynes: Blackwell Publishing in association with The Open University.

Baron-Cohen, S. (2001). Theory of mind in normal development and autism. *Prisme*, 34, 174–183.

Bartsch, K., & Wellman, H. M. (1995). *Children Talk About the Mind*. Oxford: Oxford University Press.

Bell, S. M. (1970). The development of the concept of object as related to infant-mother attachment. *Child Development*, 41(2), 292–311.

Bergen, D. (2002). The role of pretend play in children's cognitive development. *Early Childhood: Research and Practice*, 4 [online]. Available at: http://ecrp.uiuc.edu/v4n1/bergen.html.

Blakemore, S., & Frith, U. (2005). *The Learning Brain: Lessons for Education*. Oxford: Blackwell.

Bower, T., Broughton, J., & Moore, M. (1971). Development of the object concept as manifested in the tracking behaviour of infants between 7 and 20 weeks of age. *Journal of Experimental Psychology*, 11, 182–193.

Bradford, H. (2012). *Appropriate Environments for Children Under Three*. London: Routledge.
Brennan, C. (ed.) (2004). *The Power of Play: A Play Curriculum in Action*. Dublin: IPPA.
Brennan, C. (2012). Learning to play and playing to learn. In M. Mhic Mhathuna & M. Taylor (eds), *Early Childhood Education and Care: An Introduction for Students in Ireland* (pp. 161–167). Dublin: Gill & Macmillan.
Brewer, R. A. (2010). The Canada Goose Project: a first project with children under 3. *Early Childhood Research and Practice*, *12*(1) [online]. Available at: http://ecrp.uiuc.edu/v12n1/brewer.html.
Bruner, J. S. (1976). Prelinguistic prerequisites of speech. In R. Campbell & P. Smith (eds), *Recent Advances in the Psychology of Language* (pp. 199–214). New York: Plenum Press.
Chaille, C., & Britain, L. (1997). *The Young Child as Scientist*. New York: Longman.
Cook, J. L., & Cook, C. (2008). *Child Development: Principles and Perspectives* (2nd edn). New York: Pearson.
DeHart, G., Sroufe, A., & Cooper, R. (2004). *Child Development: Its Nature and Course* (5th edn). New York: McGraw-Hill.
DeMarie, D. (2001). A trip to the zoo: children's words and photographs. *Early Childhood Research and Practice*, *3*(1) [online]. Available at: http://ecrp.uiuc.edu/v3n1/demarie.html.
De Waal, F. B. (2008). Putting the altruism back in altruism: the evolution of empathy. *Annual Review of Psychology*, 59, 279–300.
Diamond, A. (1985). Development of the ability to use recall to guide action as indicated by infants' performance on A-not-B. *Child Development*, 56, 868–883.
Diamond, A. (2000). Close interrelation of motor development and cognitive development and of the cerebellum and prefrontal cortex. *Child Development*, 71, 44–56.
Donaldson, M. (1978). *Children's Minds*. London: Taylor & Francis.
Drummond, M. J. (2010). Under the microscope. In S. Smidt (ed.), *Key Issues in Early Years Education* (pp. 37–44). Oxford: Routledge.
Edwards, A., & Knight, P. (2001). *Effective Early Years Education*. Milton Keynes: Open University Press.
Eisenberg, N., Shea, C. L., Carlo, G., & Knight, G. (1991). Empathy-related responding and cognition: a "chicken and the egg" dilemma. In W. K. J. Gewirtz (ed.), *Handbook of Moral Behavior and Development*: (Vol. 2, pp. 63–88). Hillsdale, NJ: Erlbaum.
Elkind, D. (1967). Egocentrism in adolescence. *Child Development*, 38(4), 1025–1034.
Fabian, H., & Dunlop, A. W. (2007). *Informing Transitions in the Early Years: Research, Policy & Practice*. Maidenhead: Open University Press.
Fisher, K., & Bullock, D. (1984). Cognitive development in school age children: conclusions and new directions. In W. A. Collins (ed.), *Development During Middle Childhood: The Years from Six to Twelve* (pp. 70–146). Washington, DC: National Academy Press.
Flavell, J. (1963). *The Developmental Psychology of Jean Piaget*. Princeton, NJ: D. Van Nostrand.
Flavell, J. (1990). Perspectives on perspective-taking. Paper presented at the 20th Annual Symposium of the Jean Piaget Society. Philadelphia, June 2.

Flavell, J. (1996). Piaget's legacy. *Psychological Science*, 7, 200–203.

Forman, G. (2010). When 2-year-olds and 3-year-olds think like scientists. *Early Childhood Research and Practice*, 12(2) [online]. Available at: http://ecrp.uiuc.edu/v12n2/forman.html.

Forman, G., & Hall, E. (2005). Wondering with children: the importance of observation in early education. *Early Childhood Research and Practice*, 7(2) [online]. Available at: http://ecrp.uiuc.edu/v7n2/forman.html.

French, G. (2007). The Framework for Early Learning: A Background Paper. Children's Early Learning and Development. Dublin: National Council for Curriculum and Assessment.

Furth, H. G. (1970). *Piaget for Teachers*. Englewood Cliffs, NJ: Prentice-Hall.

Geangu, E. (2009). Empathy development – insights from early years. An introduction to the special issue. *Cognition, Brain & Behaviour: An Interdisciplinary Journal*, 13, 363–366.

Gelman, R. (1972). The nature and development of early number concepts. *Advanced Child Development*, 7, 115–167.

Ginsburg, H. P., Klein, A., & Starkey, P. (1998). The development of children's mathematical thinking: connecting research with practice. In W. Damon, R. M. Lerner, K. A. Renninger, & I. E. Sigel (eds), *Handbook of Child Psychology: Child Psychology in Practice* (Vol. 4, pp. 401–476). New York: Wiley.

Gopnik, A. (2010). How babies think. *Scientific American*, 303, 76–81.

Gopnik, A. (2012). Causality. In P. Zelazo (ed.), *The Oxford Handbook of Developmental Psychology* (pp. 628–649). New York: Oxford University Press

Gopnik, A., Meltzoff, A., & Kuhl, P. (2001). *The Scientist in the Crib: What Early Learning Tells Us About the Mind*. New York: Harper Perennial.

Goswami, U. (2011). Inductive and deductive reasoning. In U. Goswami (ed.), *The Wiley-Blackwell Handbook of Cognitive Development in Childhood* (pp. 399–419). Oxford: Blackwell.

Halford, G., & Andrews, G. (2011). Information-processing models of cognitive development. In U. Goswami (ed.), *The Wiley-Blackwell Handbook of Cognitive Development in Childhood* (pp. 697–719). Oxford: Blackwell.

Hayes, N. (2012). Introduction: children at the centre of practice. In M. MhicMhathuna & M. Taylor (eds), *Early Childhood Education & Care* (pp. xi–xviii). Dublin: Gill & McMillan.

Helm, J., & Katz, L. (2001). *Young Investigators: The Project Approach in the Early Years*. New York: Teachers College Press.

Hetherington, E. M., & Parke, R. (2003). *Child Psychology: A Contemporary Viewpoint*. New York: McGraw-Hill.

Hirsh-Pasek, K., Golinkoff, R., Berk, L., & Singer, D. (2009). *A Mandate for Playful Learning in Preschool: Presenting the Evidence*. New York: Oxford University Press.

Hughes, B. (2003). Play deprivation, play bias and playwork practice. In F. Brown (ed.), *Playwork Theory and Practice* (pp. 66–80). Maidenhead: Open University Press.

Hyson, M., Biggar Tomlinson, H., & Morris, C. (2009). Quality improvement in early childhood teacher education: faculty perspectives and recommendations for the future. *Early Childhood Research and Practice*, 14(1) [online]. Available at http://ecrp.uiuc.edu/v11n1/hyson.html

Inhelder, B., & Piaget, J. (1958). *The Growth of Logical Thinking from Childhood to Adolescence*. New York: Basic Books.

Inhelder, B., & Piaget, J. (1964). *The Early Growth of Logic in the Child*. London: Routledge & Kegan Paul.

Jenks, C. (2005). *Childhood*. Abingdon: Routledge.

Kamii, C. (1974). Pedagogical priciples derived from Piaget's theory: relevance for educational practice. In M. R. Schwebel & J. Raph (eds), *Piaget in the Classroom* (pp. 199–214). London: Routledge & Kegan Paul.

Kavanaugh, R. D. (2006). Pretend play and theory of mind. In L. Balter & C. S. Tamis-LeMonda (eds), *Child Psychology: A Handbook of Contemporary Issues* (pp. 153–166). New York: Psychology Press.

Kirova, A., & Bhargava, A. (2002). Learning to guide preschool children's mathematical understanding: a teacher's professional growth. *Early Childhood Research and Practice*, 4(1) [online]. Available at http://ecrp.uiuc.edu/v4n1/kirova.html

Knafo, A., Zahn-Waxler, C., Van Hulle, C., Robinson, J. L., & Rhee, S. H. (2008). The developmental origins of a disposition toward empathy: genetic and environmental contributions. *Emotions*, 8, 737–752.

Krogh, S., & Slentz, K. (2001). *The Early Childhood Curriculum*. Mawah, NJ: Lawrence Erlbaum.

Labinowicz, E. (1985). *Learning from Children: New Beginnings for Teaching Numerical Thinking*. Menlo Park, CA: Addison-Wesley.

Lillard, A., Lerner, M., Hopkins, E., Dore, R., Smith, E., & Palmquis, C. (2012). The impact of pretend play on children's development: a review of the evidence. *Psychological Bulletin*, 139, 1–34 doi: 10.1037/a0029321.

May, P. (2011). *Child Development in Practice: Responsive Teaching and Learning from Birth to Five*. New York: Routledge.

McGarrigle, J., & Donaldson, M. (1974). Conservation accidents. *Cognition*, 3, 341–350.

Meadows, S. (1993). *The Child as Thinker: The Development and Acquisition of Cognition in Childhood*. Hove: Routledge.

Meltzoff, A., & Moore, M. (1994). Imitation, memory, and the representation of persons. *Infant Behavior and Development*, 17, 83–99.

Meltzoff, A. N., Gopnik, A., & Repacholi, B. M. (1999). Toddlers' understanding of intentions, desires, and emotions: explorations of the dark ages. In P. D. Zelazo, J. W. Astington, & D. R. Olson (eds), *Developing Theories of Intention: Social Understanding and Self Control* (pp. 17–41). Mahwah, NJ: Lawrence Erlbaum.

Miller, P. H. (1990). The development of strategies of selective attention. In D. F. Bjorklund (ed.), *Children's Strategies: Contemporary Views of Cognitive Development* (pp. 157–184). Hillsdale, NJ: Erlbaum.

Miller, P. (2011). Piaget's theory: past, present, and future. In U. Goswami (ed.), *The Wiley-Blackwell Handbook of Cognitive Development in Childhood* (pp. 649–672). Oxford: Blackwell.

Miller, S. (2010). Social-cognitive development in early childhood. In B. R. Tremblay, M. Boivin, & R. DeV. Peters (eds), *Encyclopedia on Early Childhood Development [online]* (pp. 1–5). Montreal: Montreal Centre of Excellence for Early Childhood Development.

Moyles, J. (2010). Play: the powerful means of learning in the early years. In S. Smidt (ed.), *Key Issues in Early Years Education* (pp. 23–33). London: Routledge.

NCCA (2009). *Aistear: the Early Childhood Curriculum Framework*. Dublin: National Council for Curriculum Assessment.

Oates, J., Sheehy, K., & Wood, C. (2005). Theories of development. In J. Oates, C. Wood, & A. Grayson (eds), *Psychological Development and Early Childhood* (pp. 49–87). Milton Keynes: Blackwell Publishing in association with The Open University.

Opfer, J., & Gelman, S. (2011). Development of the animate–inanimate distinction. In U. Goswami (ed.), *The Wiley-Blackwell Handbook of Cognitive Development in Childhood* (pp. 213–238). Oxford: Blackwell.

Oswalt, A. (2010). *Cognitive development: Piaget's concrete operations*. Available at: http://www.mentalhelp.net/poc/view_doc.php?type=doc&id=37677&cn=1272.

Paffard, F. (2010). Patterns of play: observing and supporting young children's schemas. In S. Smidt (ed.), *Key Issues in Early Years Education* (pp. 48–56). London: Routledge.

Parke, R., & Gauvain, M. (2008). *Child Psychology: A Contemporary Viewpoint*. New York: McGraw-Hill.

Perner, J., Leekam, S. R., & Wimmer, H. (1987). Three-year-olds' difficulty with false belief: the case for a conceptual deficit. *British Journal of Developmental Psychology*, 5, 125–137.

Phillips, J. (1969). *The Origins of Intellect: Piaget's Theory*. Michigan: W. H. Freeman.

Phillips, S., Wilson, W. H., & Halford, G. S. (2009). What do transitive inference and class inclusion have in common? Categorical (co)products and cognitive development. *PLOS Computational Biology*, 5(12), e1000599. doi:10.1371/journal.pcbi.1000599.

Piaget, J. (1929). *The Child's Conception of the World*. New York: Harcourt Brace Javanovich.

Piaget, J. (1930/1969). *The Child's Conception of Physical Causality*. Totowa, NJ: Litttlefield, Adams.

Piaget, J. (1932). *The Moral Judgement of the Child*. New York: Free Press.

Piaget, J. (1951). *Play, Dreams and Imagination in Childhood*. London: Heinemann in association with the New Education Fellowship.

Piaget, J. (1952). *The Origins of Intelligence in Children*. New York: Norton.

Piaget, J. (1954). *The Construction of Reality in the Child* (M. Cook, Trans.). New York: Basic Books.

Piaget, J. (1955). *The Construction of Reality in the Child*. London: Routledge & Kegan Paul.

Piaget, J. (1959). *The Language and Thought of the Child*. London: Routledge & Kegan Paul.

Piaget, J. (1960). *The Child's Conception of the World*. London: Routledge.

Piaget, J. (1962). *Play, Dreams and Imitation in Childhood*. New York: Norton.

Piaget, J. & Inhelder, B. (1956). *The Child's Conception of Space*. London: Routledge & Kegan Paul.

Pope-Edwards, C. (2002). Three approaches from Europe: Waldorf, Montessori, and Reggio Emilia. *Early Childhood Research and Practice*, 4(1) [online]. Available at: http://ecrp.uiuc.edu/v4n1/edwards.html.

Price-Williams, D., Gordon, W., & Ramirez, M. (1969). Skill and conservation: a study of pottery-making children. *Developmental Psychology, 1,* 769.

PsyBlog: Understand Your Mind. (2008) *Infants are Intuitive Physicists: Object Permanence* [online]. Available at: http://www.spring.org.uk/2008/06/infants-are-intuitive-physicists-object.php

Rizzolatti, G., & Craighero, L. (2004). The mirror-neuron system. *Annual Review of Neuroscience, 27,* 169–192.

Robinson, M. (2011). *Understanding Behaviour and Development in Early Childhood.* London: Routledge.

Robson, S., & Hargreaves, D. (2005). What do early childhood practitioners think about young children's thinking? *European Early Childhood Education Research Journal, 13*(1), 81–96.

Rosengren, K., & Hickling, A. (2000). Metamorphosis and magic: the development of children's thinking about possible events and plausible mechanisms. In K. Rosengren, C. Johnson, & P. Harris (eds), *Imagining the Impossible: Magical, Scientific and Religious Thinking in Children* (pp. 75–98). New York: Cambridge University Press.

Santrock, J. (2011). *Child Development* (13th edn). New York: McGraw-Hill.

Schaffer, R. (2006). *Key Concepts in Developmental Psychology* (2nd edn). London: Sage.

Schwebel, M., & Raph, J. (1974). *Piaget in the Classroom.* London: Routledge & Kegan Paul.

Shayer, M., & Wylam, H. (1978). The distribution of Piagetian stages of thinking in British middle and secondary school children. *British Journal of Educational Psychology, 48,* 62–70.

Siegler, R. S. (1978). The origins of scientific reasoning. In R. S. Siegler (ed.), *Children's Thinking: What Develops?* (pp. 109–149). Hillsdale, NJ: Erlbaum.

Siegler, R. S. (1991). *Children's Thinking* (2nd edn). Englewood Cliffs, NJ: Prentice-Hall.

Slaughter, V., & Boh, W. (2001). Decalage in infants' search for mothers versus toys demonstrated with a delayed response task. *Infancy, 2,* 405–413.

Smidt, S. (2009). *Introducing Vygotsky: A Guide for Practitioners in Early Years Education.* London: Routledge.

Smidt, S. (ed.) (2010). *Key Issues in the Early Years.* London: Routledge.

Smidt, S. (2011). *Introducing Bruner: A Guide for Practitioners and Students in Early Years Education.* London: Routledge.

Smith, P., Cowie, H., & Blades, M. (2003). *Understanding Children's Development* (4th edn). Oxford: Blackwell.

Spencer, C., & Hall, E. (2010). Dramatic play as a context for children's investigation of size and scale. *Early Childhood Research and Practice, 12*(2) [online]. Available at http://ecrp.uiuc.edu/v12n2/spencer.html

Stafford, P. (2012). Numeracy through play and real-life experiences. In M. M. Mhathuna & M. Taylor (eds), *Early Childhood Education and Care: An Introduction for Students in Ireland* (pp. 241–253). Dublin: Gill & Macmillan.

Sylva, K., Melhuish, E., Sammons, P., Siram-Blatchford, I., & Taggart, B. (2004). *The Effective Provision of Pre-School Education (EPPE) Project: Findings from the Early Primary Years.* Nottingham: Department for Education Publications.

Tassoni, P. (2012). *Practical EYFS Handbook.* London: Pearson.

Thornton, S. (2002). *Growing Minds*. Basingstoke: Palgrave Macmillan.
Van der Mark, I. L., Van IJzendoorn, M. H., & Bakermans-Kranenburg, M. J. (2002). Development of empathy in girls during the second year of life: associations with parenting, attachment, and temperament. *Social Development*, 11(4), 451–468.
Van Meeteren, B., & Zan, B. (2010)."Revealing the work of young engineers in early childhood education". Paper presented at the SEED (STEM in Early Education and Development) Conference. Early Childhood Research and Practice. Available at: http://ecrp.uiuc.edu/beyond/seed/zan.html.
Vogler, P., Crivello, G., & Woodhead, M. (2008). Early childhood transitions research: a review of concepts, theory, and practice. Working Paper No. 48. Bernard van Leer Foundation.
Vygotsky, L. (1967). Play and its role in the mental development of the child. *Soviet Psychology*, 5, 6–18.
Vygotsky, L. (1986). *Thought and Language*. Cambridge, MA: MIT Press.
Wallace, B. (2002). *Teaching Thinking Skills Across the Early Years*. London: David Fulton.
Warneken, F., & Tomasello, M. (2007). Helping and cooperation at 14 months of age. *Infancy*, 11, 271–294.
Wellman, H., & Gelman, S. (1998). Knowledge acquisition in foundational domains. In W. Damon, D. Kuhn, & R. Siegler (eds), *Handbook of Child Psychology: Vol. 2. Cognition, Language, and Perception* (5th edn, pp. 523–574). New York: Wiley.
White, J. (2002). *The Child's Mind*. London: Routledge/Falmer.
Whitebread, D. (2012). *Developmental Psychology & Early Childhood Education*. London: Sage.
Willatts, P. (1989). Development of problem solving in infancy. In A. Slater & J. G. Bremner (eds.), *Infant Development* (143–182). Hove: Lawrence Erlbaum.
Wood, D. (ed.) (1998). *How Children Think and Learn*. Oxford: Blackwell Press.
Wood, E., & Atfield, J. (2005). *Play, Learning and the Early Childhood Curriculum* (2nd edn). London: Sage.
Young-Ihm, K. (2002). Changing curriculum for early childhood education in England. *Early Childhood Research and Practice*, 4(2) [online]. Available at http://ecrp.uiuc.edu/v4n2/kwon.html.
Zelazo, P. D., Reznick, J. S., & Piňon, D. E. (1995). Response control and the execution of verbal rules. *Developmental Psychology*, 31, 508–517.